BUENOS AIRES ES LEYENDA

GUILLERMO BARRANTES
VÍCTOR COVIELLO

Buenos Aires es leyenda

Mitos urbanos de una ciudad misteriosa

 Planeta

Coviello, Víctor
    Buenos Aires es leyenda / Víctor Coviello y Guillermo
Barrantes.- 2ª ed. – Buenos Aires: Planeta, 2004.
    256 p.; 23x14 cm.

    ISBN 950-49-1266-4

    1. Leyendas I. Barrantes, Guillermo II Título
    CDD 398.2

Diseño de cubierta: Lucía Cornejo

Derechos exclusivos de edición en castellano
reservados para todo el mundo:
© 2004, Grupo Editorial Planeta S.A.I.C.
Independencia 1668, C 1100 ABQ, Buenos Aires
www.editorialplaneta.com.ar

2ª edición: diciembre de 2004

ISBN 950-49-1266-4

Impreso en Talleres Gráficos Leograf S.R.L.,
Rucci 408, Valentín Alsina,
en el mes de diciembre de 2004.

Hecho el depósito que prevé la ley 11.723
Impreso en la Argentina

A María Eugenia,
a Romina,
todo.

El mito del prólogo

"A mí se me hace cuento que empezó Buenos Aires:
la juzgo tan eterna como el agua y el aire."

Fundación mitológica de Buenos Aires,
Jorge Luis Borges

A quién no le han contado, alguna vez, algo que le ocurrió al amigo de un amigo de un amigo; historias incomprobables que van desde relatos de sucesos extraordinarios hasta simples advertencias que nadie cree, pero a las que, por las dudas, tenemos la precaución de hacerles caso.

¿Cuánta verdad se oculta detrás de estas historias?

¿Dónde se originó cada una de ellas?

Por lo general, se las identifica con la palabra *mito*, término que admite diferentes acepciones. Veamos lo que dice el *Diccionario de uso del español* de María Moliner:

MITO: 1 Leyenda simbólica cuyos personajes representan fuerzas de la naturaleza o aspectos de la condición humana./ 2 Representación deformada o idealizada de algo o alguien que se forja en la conciencia colectiva./ 3 Cosa inventada por alguien, que intenta hacerla pasar por verdad, o cosa que no existe más que en la fantasía de alguien.

Ahora bien, cuando nos encontramos con leyendas que no se refieren en su totalidad a mundos imposibles o fantásticos, sino que rondan por las calles, los bares, los trenes de una ciudad "real", estamos tratando entonces con mitos urbanos.

Si bien en todo el mundo los mitos urbanos se deslizan por caminos más o menos similares, los factores étnicos, culturales y ambientales de cada ciudad influyen sobre ellos y los hacen particulares. En el caso de Buenos Aires, su situación privilegiada en cuanto a su diversidad racial, producto de la inmigración; su importancia cultural, aun en tiempos difíciles, y su gran extensión como urbe hacen de ella una ciudad rica en variedad de opciones y temas.

De eso trata este libro: de los mitos urbanos que se esconden en cada rincón de Buenos Aires, de esos relatos increíbles que se mueven entre los porteños.

Nuestro objetivo es sumergirnos en cada uno de ellos y analizar tanto sus posibles orígenes como los elementos que apoyen o no su veracidad.

Pero para conseguirlo tuvimos que bajar a una escala geográfica menor: los barrios. Porque, si aceptamos que cada ciudad tiene factores autóctonos que influyen en sus mitos, también debemos decir que cada barrio posee, a su vez, características y matices particulares. Y de ahí que cada uno tenga su propio conjunto de leyendas urbanas.

Por eso, cada mito investigado se identifica con un barrio de Buenos Aires, porque ése es el lugar desde donde nos seduce, a cualquiera de nosotros, susurrándonos al oído que lo misterioso, lo extraordinario es posible a la vuelta de nuestra casa.

En las páginas siguientes se encontrarán con mitos urbanos populares (como el del hombre asesinado en un restaurant oriental; o la leyenda del mismo Carlos Gardel, el

Zorzal Criollo), y con numerosas leyendas que sólo son conocidas en profundidad por unos pocos habitantes del barrio al que pertenecen (como "el enano vampiro", o "el hombre sin párpados").

Para el análisis de cada mito recurrimos a varias fuentes: testimonios personales, archivos históricos, documentos policiales, entre otras. Inclusive, recreamos algunas leyendas a través de relatos para lograr un vínculo más estrecho entre el lector y el mito.

No se encontrarán conclusiones definitivas al final de cada investigación, porque el lector es el que tendrá la última palabra, quien decidirá si creer o no... y, por las dudas, hacerle caso a alguna incómoda advertencia que haya aparecido por ahí.

La tarea ha sido ardua y nos da la sensación de que nunca será perfecta.

Creemos que todas las historias, aunque parezcan complejas o sencillas, forman parte de un intento de buscar una identidad ciudadana, en este caso porteña. Tal vez se trate de una manera de estrechar lazos entre las personas, para enfrentarse a lo que temen, aman u odian.

Y no nos extendemos más, porque se podría correr el riesgo de caer en el mito del lector que muere por aburrimiento. O en aquella otra leyenda que asegura que en el prólogo de ciertos libros moran extraños espíritus que, a través de las mismas palabras, penetran por los ojos del que lee, letra a letra, hasta apoderarse de su alma.

Pero quédese tranquilo, es sólo un mito...

PARTE I
Mitos clásicos

Belgrano

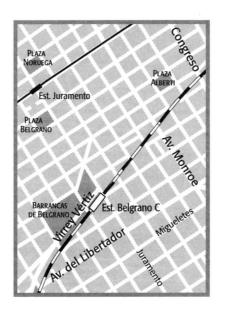

PLAZA
NORUEGA

Est. Juramento

PLAZA
BELGRANO

PLAZA
ALBERTI

Congreso

Av. Monroe

BARRANCAS
DE BELGRANO

Virrey Vértiz

Est. Belgrano C

Migueletes

Av. del Libertador

Juramento

Dijo llamarse María Angélica. En el geriátrico del barrio de Caballito donde la hallamos le decían Mari. Nos atendió en su habitación, la cual tenía dos camas. Después de presentarnos, Mari se sentó en una de ellas y nosotros, en la otra. El dueño del geriátrico no nos permitió el acceso a ninguna documentación de donde pudiéramos obtener el nombre completo de la mujer (tampoco nos dio permiso para revelar la dirección exacta del establecimiento). "La pobre abuela —nos dijo— está sola en el mundo. La única razón por la que les dejo hacerle la entrevista es porque pienso que hablar con otras personas que no pertenezcan al Hogar le va hacer bien."

Así que ahí estabamos, frente a Mari, de quien no conocíamos prácticamente nada... salvo que había sido la única testigo de un mito urbano clásico.

La anciana (los empleados del geriátrico nos dijeron que estaba por cumplir 79) lucía una larga cabellera blanca que le caía sobre un camisón desteñido, y calzaba unas pantuflas muy gastadas. Lo primero que nos dijo fue que le dolían las rodillas porque, antes de que llegáramos, había estado rezando por su compañera de habitación que había muerto la semana anterior, y que la cama en donde estábamos sentados le había pertenecido a ella. Tomó un sorbo de un líquido que parecía agua, dejó el vaso donde estaba y se sentó un poco más atrás en la cama, como quien se prepara para un largo viaje. Después, sonriendo, nos miró detenidamente a cada uno. No había dudas: aquella abandonada abuela quizá no pudiera recordar lo que había desayunado esa mañana, pero los sucesos que estaba a punto de narrar los sabía de memoria. Y los había contado infinidad de veces.

En un principio, pensamos resumir el relato, seleccionando los tramos en los que se hablara exclusivamente del mito. Sin embargo, decidimos entregarles la narración de Mari casi en su totalidad, ya que consideramos que los detalles y pormenores que se nombran agregan una mayor verosimilitud al testimonio, y ayudan al lector a interiorizarse con el suceso.

Mari, comenzó así su relato:

Fue en uno de esos restaurantes chinos, un tenedor libre. Hace unos diez años, más o menos. Gracias a Dios y a la Virgen olvidé su dirección exacta, pero puedo decirles que quedaba en Belgrano. Aquel sábado a la noche estaba lleno de gente.

En un momento me levanté para ir al baño. Me sentía mal. Estaba segura de que algo de lo que había comido me había dado una patada al hígado. Nunca me habían gustado aquellos tenedores libres chinos, pero Walter había insistido, había dicho que ahí se comía bien y barato. Barato sí, pero la comida era mierda de reno.

(En ese instante se escuchó una risa que provenía de

afuera, seguramente del pasillo que daba a la habitación de la anciana. Mari interrumpió el relato y se puso de pie.)

¡Andate! (Parecía que sabía a quién le gritaba.) *¡Andate estúpido, dejame en paz!*

(La anciana volvió a sentarse en la cama, nos miró y continuó con la historia.)

Bueno, les decía que esos tenedores libres son una porquería. Cómo no va a ser así si estos chinos comen cualquier cosa. Seguro que aquella noche alguno de esos pescados raros que sirven me había caído mal. Sin embargo, no quería discutir con Walter en aquel momento, así que simplemente me levanté y le dije que iba al baño.

Lo primero que hice fue mirarme al espejo. Estaba pálida. "Seguro que Walter se dio cuenta de que estaba descompuesta", pensé. Quise lavarme la cara con agua fresca, pero la canilla estaba rota, giraba en falso. Hice otro intento, esta vez presionando con fuerza hacia abajo. Y entonces llegaron los gritos.

La primera sensación que tuve fue que había conseguido abrir la canilla, y que en vez de agua brotaban aquellos alaridos. "¡La puta!", dije; pero no era eso. Me di cuenta de que los gritos venían de afuera. (Mari tomó otro sorbo de agua, y alisó una arruga en su cama.) *Sabía que algo estaba pasando en el salón del restaurante, algo que provocaba aquel alboroto. Y había órdenes mezcladas con los alaridos de pánico, órdenes gritadas con furia. Una de ellas pude escucharla con claridad: "Vamos, todos afuera, vamos". Era repetida una y otra vez. Había otras voces fuertes, pero no podía comprenderlas. Con las piernas temblando decidí echar un vistazo. El ojo de la cerradura daba sólo a un pequeño sector del salón principal. Sin embargo, me alcanzó para ver cómo la gente corría. Y por la dirección que seguían, supuse que todos estaban queriendo escapar del lugar.*

Estuve a punto de salir al salón y unirme a la huida. Pero justo antes de hacerlo, los vi: chinos de traje. (Estas últimas tres palabras Mari las dijo en un tono cortante, remarcando cada sílaba, cómo si los "chinos de traje" formaran parte de una revelación increíble. Y, por cómo miró a un lado y al otro después de decirlo, además de increíble, la consideraba una revelación peligrosa. Se alisó el camisón y continuó.)

Y los chinos de traje gritaban en chino. Esas eran las voces que yo no comprendía. Quizás el otro, el que gritaba en castellano, era algún argentino que acompañaba a los orientales. Yo podía ver a dos de los chinos. Estaban armados. Igualmente no parecían necesitar disparar ningún tiro para que la gente les hiciera caso. Pronto, nadie quedó al alcance de mi vista. Saqué el ojo de la cerradura y me senté en el piso. Los gritos fueron disminuyendo poco a poco. Hubo un ruido fuerte, como si hubieran cerrado la puerta principal de un golpe. Supuse que ya no quedaba gente en el restaurante. Salvo los chinos. Sus voces se seguían escuchando, parecían estar hablando entre ellos. Entonces, volví a espiar... y vi a uno de los orientales venir caminando directamente hacia mí, hacia la puerta del baño.

(Mari tomó otro sorbo de agua y se nos quedó mirando unos segundos, como si esperara algún comentario de nuestra parte.)

La puerta se abría hacia adentro. Cuando el chino la empujó, mi cuerpo quedó oculto entre la puerta y la pared. Y entonces, por suerte, no vio a nadie en el baño, y se fue. Dio un portazo, y me dejó nuevamente sola. Escuché cómo hacía lo mismo con el baño de hombres.

Afuera se volvieron a escuchar gritos, pero ahora sólo en chino, y el ruido que hacían mesas y sillas al ser arrastradas. Qui-

se ver qué pasaba. Miré de nuevo por la cerradura, pero ahora el respaldo de una silla me tapaba la visión.

Estaba segura de que los gritos que escuchaba eran de alguien desesperado, de un chino suplicando por algo.

Me animé y abrí la puerta del baño un centímetro.

No me había equivocado. Había un chino muy gordo arrodillado en el piso, y lloraba y gritaba, con el rostro entre las manos. Pude ver que llevaba un delantal de cocina atado a la cintura. Frente al gordo había otro chino, de pie, con una cadena en la mano. Alrededor de ellos estaban cuatro o cinco más, observando la escena mientras jugueteaban con sus armas. No había dudas: aquel gordo, a pesar de ser tres veces más grande que cualquiera de los que lo rodeaban, estaba llorando, estaba pidiendo piedad, misericordia al chino con la cadena. Parecía rezar por su vida. Pero el de la cadena no lo escuchó. El animal, de repente, le pegó un cadenazo en la cara. Y luego otro. Y otro. Me acuerdo como si lo estuviera viendo ahora: la oreja del gordo, volando por el aire, arrancada por uno de los golpes. Cerré la puerta y me tapé la boca para no gritar.

Los sonidos que siguieron llegando a través de la puerta fueron la evidencia de que las súplicas de aquel gigantesco oriental habían sido sus últimas palabras. Ni siquiera se quejó, o al menos no pude escuchar si lo hizo, como si además de la oreja le hubieran arrancado la boca con aquellos cadenazos. El chino gordo tenía que estar muerto.

Cuando no escuché más golpes, volvieron a sonar los gritos de los asesinos. El miedo me decía que me quedara encerrada, quieta; pero no pude evitar abrir lentamente la puerta.

El cocinero era una bola de carne ensangrentada. Estaba tirado en el piso, y los chinos de traje discutían a su alrededor. Todos parecían acusar al de la cadena.

Finalmente, después de casi agarrarse a las trompadas, los chinos decidieron algo. Tres de ellos trajeron grandes bolsas de residuos (aquí Mari bajó la cabeza y tomó nuevamente aquel aire confidencial) *y cuchillos. Cuchillos de todo tipo y tamaño. Y sin más ceremonias, se lanzaron contra el enorme cadáver.* (Mari tragó saliva costosamente e hizo un gesto de repulsión.)

Cerré la puerta del baño nuevamente, no podía mirar aquella carnicería. Dejé de ver, pero no de oír. No había lugar a dudas: lo estaban trozando, lo estaban carneando como a una vaca. Peor, todavía, porque no sabían cómo se hacía. Lo carneaban con el tacto que podía tener un grupo de mandriles mancos.

(A pesar de lo atroz del relato, no conseguimos evitar sonreírnos por la comparación. Sin embargo, Mari continuó con su historia, como si hubiera agarrado cierto ritmo y no pudiera detenerse.)

Volví a entreabrir la puerta para espiar justo en el momento en que le rompían el cráneo a martillazos. Luego llenaron las bolsas de residuos con los pedazos del cocinero, y se las llevaron. Dejaron a un chino limpiando los restos sanguinolentos que habían quedado. Después de un rato, él también se fue. Supuse que toda la "mafia" se iría del tenedor libre de un momento a otro, para tirar los restos embolsados en algún lugar oculto. Pero sus voces orientales seguían llegando; se escuchaban más lejos, pero los chinos seguían adentro, en algún lugar del restaurante.

Entonces me decidí. Fue en ese momento. No aguanté más. "Que sea lo que Dios quiera", me dije, y salí de mi escondite. En el sector frente al baño, donde habían llevado a cabo la carnicería, no había nadie. Me asomé al salón principal: vacío. Los ruidos y las voces venían desde la derecha, pero aún se escuchaban lejos, lo suficiente como para animarme a atravesar el salón sin ser descubierta. Me saqué los zapatos y caminé por el costado, bien pegada a la pared, atenta a no llevarme ninguna silla o mesa por delante. Llegué a la puerta principal y, antes irme del restaurante, miré hacia adentro. Después salí a la calle y, a pesar de mi edad, corrí. Todo lo que pude. Corrí.

(Tomando su "postura confidencial" nuevamente, Mari continuó con su testimonio.) *Jamás voy a olvidar lo que vi en aquel último vistazo. Todavía sueño con ello.* (Hizo una pausa, tomó aire y continuó.) *De la puerta de entrada del restaurante, uno podía ver el salón principal y, detrás de éste, la cocina, en el fondo. La puerta de la cocina estuvo siempre cerrada mientras comía con Walter, uno nunca podía ver qué clase de porquerías preparaban en esa pocilga. Pero en aquel momento no se habían molestado en cerrarla. Y entonces supe por qué los chinos se habían quedado en el tenedor libre: entre tres de los orientales, vaciaban una de las bolsas de residuos dentro de una gran olla humeante. Sí, los chinos hijos de puta cocinaron los pedazos del gordo. Hicieron un guiso con el muerto, se los juro por Esther, mi compañera de cuarto, que ahora debe estar con aquel chino obeso allá arriba* (señaló el cielo raso) *corroborando todo lo que le dije, porque a ella también le conté la historia, sí, sí.*

(Entonces Mari se quedó callada, con la vista fija en el piso, como si allí se hubiera acabado el relato. Esperamos unos segundos. Cuando vimos que no atinaba a continuar, le preguntamos si tenía algo más para contarnos. Mari levantó la cabeza, se separó algunos pelos blancos de la cara y, como saliendo de un hechizo, nos miró. Entonces sacó uno de sus pies de las pantuflas y nos mostró la planta callosa. Tenía una cicatriz allí, un corte diagonal de unos cuatro centímetros. Luego habló.)

Corría, y estaba tan nerviosa que no me di cuenta de que

continuaba descalza. Hasta que pisé un vidrio y me hice este corte. Llegué rengueando a la pensión donde vivía, y la dueña, doña Cata, llamó a un médico.

No pasé por la puerta de aquel tenedor libre hasta que desapareció, hasta que pusieron la inmobiliaria. Pero al otro día del asesinato le pregunté a Esperanza si había visto algo raro en el restaurante. Ella comía seguido de los chinos. Me dijo que no, que estaba abierto como todos los días. Y que se había comido un guiso de novela. "Dos pesos un plato de guiso", me dijo, "Y no sabés qué rico. No sé qué le pusieron, pero estaba bárbaro".

Hace sólo unos tres años que me animé a contar todo lo que sucedió aquella noche. Empecé con el "Pipo", un perro vagabundo que a veces nos visitaba, acá en el hogar. Pobre "Pipo", un día no vino más. Nunca supe que le pasó.

Sé que la mayoría no me cree, no soy tonta. Piensa que estoy vieja, que digo pavadas. Esther sí me creía. Pobre Esther. Pobrecita.

(Mari agachó nuevamente la cabeza. Decidimos que, ahora sí, el relato se había terminado. Era más que suficiente. Nos levantamos de la cama y la saludamos. Cuando abandonábamos la habitación, Mari nos habló.)

Busquen al viejo Acevedo. Él también sabe.

Hasta la puerta de salida nos acompañó uno de los empleados del geriátrico. Antes de que le dijéramos nada, el muchacho se nos anticipó preguntándonos:

—¿Les dijo lo de los mandriles mancos? —era evidente que estaba conteniendo la risa. Casi con seguridad se trataba de la misma persona que habíamos escuchado reírse en el momento que Mari pronunciaba aquella insólita comparación con la "mierda de reno".

—Sí —le contestamos, e inmediatamente el empleado largó la carcajada. Cuando se controló le hicimos una pregunta—. ¿Conocés a alguien, en el barrio, llamado Acevedo?

—En el barrio, no. Pero ustedes deben referirse a don José. El viejo don José Acevedo. Mari lo nombró, ¿no? El viejo vivía en Belgrano, cerca de la pensión donde hace tiempo estaba Mari. Eran amigos. Don José era el único que la visitaba acá. Murió el año pasado. Tenía como 80 pirulos. Pobre vieja, ya no sabe quién está vivo y quién está muerto. Ya me tiene podrido con lo de Esther.

—La señora que murió la semana pasada.

—Ninguna semana pasada. Cuatro años lleva muerta ya. Pero Mari le reza todos los días, y siempre dice que se murió la semana pasada.

Le preguntamos si sabía en qué lugar de Belgrano había vivido don José. Nos dijo que no tenía ni idea, pero que una de las muchachas que trabajaba en el hogar decía que los hijos del viejo tiraron la casa abajo, y que ahora estaban construyendo un chalet.

—Y mi nombre es Walter —nos dijo cuando nos íbamos—. Y no acostumbro a llevar viejas a comer un sábado a la noche.

Nos sonrió y nos fuimos.

Estábamos ante un mito clásico: el hombre asesinado en un restaurante chino, cuyo cuerpo formó parte del menú del día siguiente.

Algunos investigadores aseguran que este mito se trataría de una rama mutante de una historia que rondó por la ciudad de Berlín en los años cuarenta. La leyenda decía que por las calles deambulaba un ciego con un sobre en la mano. Tarde o temprano aparecía alguna persona que preguntaba al no vidente si precisaba ayuda. Entonces el ciego le decía que debía entregar el sobre en cierta dirección. El sujeto solidario se ofrecía a ayudarlo, y el ciego, dándole las gracias, se retiraba. Entonces la persona con el sobre llegaba al domicilio de entrega y se transformaba en el plato principal de los caníbales que allí vivían. Lo último que la víctima veía, antes de ser degollada, eran las palabras que estaban escritas en la carta dentro del sobre. Algo así como: "Ésta es la última que les mando hoy".

La transmisión oral de este mito berlinés provocaría, a través de los kilómetros y de los años, el reemplazo del departamento donde vivían los caníbales por el restaurante oriental, y la persona solidaria por el chino ajusticiado.

Continuamos nuestra investigación en Belgrano. Nos encontramos con que la gente conocía la existencia del mito clásico del chino hecho guiso, pero del asesinato en el restaurante del que hablaba Mari, nada. Éste era otro punto en contra de nuestra testigo. Si el restaurante estaba lleno antes del arribo de la mafia china, como ella decía, entonces alguien debería existir aún en el barrio que recordara lo sucedido.

Tampoco encontramos a nadie que conociera alguna inmobiliaria que hubiera tomado el lugar de un tenedor libre.

El único que tal vez podía inclinar la balanza a favor de Mari era el misterioso don Acevedo. Pero supuestamente llevaba un año muerto. Sin embargo, teníamos un dato importante: este hombre había existido realmente, no era un personaje inventado por la anciana. En el geriátrico lo conocían. Por lo tanto, tras fracasar con el tenedor libre y con la inmobiliaria, probamos suerte e intentamos hallar a alguien en Belgrano que hubiera conocido en vida a don Acevedo.

Y fue entonces cuando encontramos a don Ezequiel, un abuelo de 84 años que durante los últimos dos había jugado al dominó con otros dos abuelos: don Salva y don José... nuestro don José Acevedo.

Sentados en el bar El Granero (el mismo donde ellos jugaban), don Ezequiel nos dijo que era verdad lo de la casa de su difunto amigo: el hijo (el anciano habló de un solo hijo) había tirado abajo la construcción para levantar un chalet "a todo trapo". Después lo vendió y se fue a vivir a otro país. Don Eze, como le decían en el bar, no conocía a ningún otro familiar de don José.

Le preguntamos si su amigo le había contado alguna vez algo relacionado con un restaurante chino. Nos dijo que no. Nunca. La balanza parecía inclinarse definitivamente en contra del relato de Mari. Aparentemente, don José Acevedo había sido sólo un buen amigo de la anciana; con toda seguridad, la habrá escuchado más de una vez contar la historia del restaurante chino. Y como buen amigo le habría dicho que le creía.

Pero fue internet, algo que Mari quizá ni siquiera conozca, la que nos dio algo que despertó nuevamente todas nuestras dudas.

Intentamos relacionar, en uno de los tantos buscadores de la red, el nombre de José Acevedo con algún elemento del relato de Mari. Y fue así como, a punto de gastar todas las combinaciones posibles de palabras, encontramos una huella. Cierto diario digital llamado "Noticia y Opinión" titulaba una breve crónica de esta manera: "Nuevas protestas contra restaurante", y la noticia citaba un listado de quejas contra uno de estos establecimientos. Las quejas apuntaban a la desastrosa calidad de la comida. El diario aseguraba que el dueño del restaurante en cuestión había poseído una serie de casas de comida, y que todas habían sido blanco de diversas protestas. Como ejemplo citaban algunas de las más insólitas. Y entre ellas aparecía un testimonio que dataría (según el diario) del año 1991. Pertenecía a un señor llamado José Ernesto Acevedo, quien denunciaba haber comido "una especie de guiso de carne, en el cual encontró un diente humano".

Lamentablemente, el diario "Noticia y Opinión" no renovaba su página en internet desde 1999, y no pudimos localizar a ninguno de sus responsables (en su mayoría, aparecen en el diario bajo seudónimos).

Este dato constituyó el último relacionado con el mito.

La investigación aún sigue abierta.

Barrio Norte

Santo Niño

*S*on muchas horas y el cansancio se acumula. Se siente sobre los hombros. Varios cafés engañan al sueño y lo retardan un poco pero esto solo no alcanza. Las guardias son inevitables, pero él sabe que con eso también suma experiencia.

Le pide a una enfermera que le alcance las historias clínicas de los pacientes de la habitación 224. Es el último esfuerzo. Ya se va. Una cama mullida y no una camilla durísima y fría. Eso es lo que necesita.

Repasa las historias clínicas: no son casos graves. No tiene que tomar más decisiones por el día de hoy.

—Buenos días —dice en voz alta y firme—, cómo están hoy.

Braulio, un señor de unos 70 años lo saluda apenas con la mano, pero le hace el gesto de que está todo bien. Cálculos. Cálculos renales como para llenar una estantería completa. Un poco dopado pero evolucionando bien. Lo revisa. Todo en orden.

En la cama de al lado, la otra paciente, Rosa. Entró con un cuadro de vesícula inflamada, para intervención. Tiene para unos días antes de ser operada. Con la vesícula inflamada hay más riesgos. ¿Es él que la ve muy pálida o realmente lo está? Le hace la pregunta de rigor:

—Y, doña Rosa, ¿cómo se siente?

—Con dolor m'hijo, duele la herida.

El doctor trata de procesar rápidamente la información, vuelve a consultar la historia clínica.

—¿Qué herida, doña Rosa?

—La de la operación, cuál va a ser si no —le contesta la señora al mismo tiempo que se levanta la sábana y parte del camisón. La marca de la herida no le deja lugar a duda. La incisión se ve desprolija y la sutura no mucho mejor. El doctor no sabe por dónde empezar, pero hace la pregunta obvia:

—¿Pero quién... cuándo la operaron, doña Rosa?

Doña Rosa le pide que le sirva un vaso de agua, pero el doctor está tan nervioso que casi se la toma él.

—Vino un muchacho joven, como usted y se presentó como el dotor... no me acuerdo el apellido. Ya estaba con los guantes y con lo que va en la boca, eso, el barbijo y me contó, hablando muy suavecito, que me iba a operar. Le pregunté si tenía que ser ahora. Me dijo que era el único momento en que el... ¿cómo se llama?, eso, quirófano, estaba libre. Bueno, me dijo, ahora cierre los ojitos y relájese. Después, me puso un pañuelo en la boca y me quedé dormida. ¿Pasa algo malo, dotor?

El doctor repasa por décima vez la historia clínica. Sólo figura la rutina diaria, nada más.

—Dotor, ¿pasa algo?

Al médico le tiemblan las piernas y no puede decidir si dejar a Rosa sola o llamar a la enfermera, aunque no es la misma de la noche. Se pregunta cómo puede ser posible, cómo.

Esta leyenda urbana, o una de características más o menos similares, deambula por infinidad de centros de salud. Nosotros decidimos realizar la investigación en un lugar paradigmático como es el Hospital de Clínicas, un centro de salud relacionado directamente con la Facultad de Medicina de la Universidad de Buenos Aires.

El caso que acabamos de relatar nos llegó por diferentes canales muy coincidentes entre sí.

¿Cómo puede ser posible? Eso mismo nos preguntamos nosotros.

El mito está instalado.

Paradójicamente, ésta es una de las leyendas urbanas más aterradoras pero más cercanas a una raíz potencialmente real.

Las causas son tan variadas como posibles.

Si bien las leyendas de falsos médicos se remontan a tiempos lejanos, nuestro mito se centra puntualmente en la persona de un tal Pascual Colombo, un muchacho venido de una provincia del Norte. Un pibe humilde que fue enviado a Buenos Aires para ser doctor con la esperanza y los ahorros de toda la familia. Como suele ocurrir, al provinciano ingenuo le pasan las mil y unas, el dinero se le va rápidamente, y se ve obligado a buscar cualquier trabajo. Eso resiente su estudio y es reprobado sistemáticamente. En su casa paterna reciben cartas que hablan de otra realidad, por supuesto.

En este punto, las versiones difieren unas de otras. Están las que dicen que Colombo deja embarazada a una chica. La familia entonces se agranda y el muchacho debe abandonar el estudio por completo. Y está también la versión que supuestamente originó el relato que expusimos al principio, según la cual la madre del provinciano muere por una vesícula reventada, lo que lo deja "trastornado" y dispuesto a operar sin haber aprobado más que el diez por ciento de la carrera.

Si bien la facultad no nos facilitó detalles del tal Colombo, extraoficialmente averiguamos que cada vez que se produce un caso de características poco claras se habla de "colombismo".

Consultamos a una alta autoridad del hospital, que se excusó argumentando que no tenía tiempo para ese tipo de rumores. "Yo trabajo con certezas, las certezas de la ciencia y la convicción de curar", nos dijo.

Según pudimos indagar, esta leyenda probablemente se originó en la década de los ochenta, en los primeros años de la democracia recuperada. Recordemos que se había decretado el ingreso irrestricto a las universidades a través de un curso de ingreso denominado CBC (Ciclo Básico Común).

He aquí el testimonio de *Federico G.*, integrante de la agrupación política de estudiantes denominada Franja Morada:

—Conozco la historieta de Colombo —nos dijo el muchacho, mientras terminaba el café que le habíamos invitado en el bar de la facultad—. Tengo entendido que esa bola la hizo correr el Rectorado. La razón es obvia ¿no? Los "conserva" de acá no querían y no quieren una universidad para todo el mundo. Tiraron esa para dejar en claro que, cuando hay demasiados alumnos, el nivel disminuye y salen médicos como éstos.

—Sin embargo —interferimos—, en la versión más firme que tenemos, Colombo queda tan traumado por no poder salvar a su madre que por eso opera.

—Sí, de acuerdo, pero el sistema lo abandona en su conjunto y la ilusión de acceso a la carrera se le vuelve en contra. Digamos que la versión que tienen ustedes tiene más cosas del alumnado.

—¿Cómo terminó Colombo?

—El final nadie lo sabe, algunos dicen que volvió a su provincia, otros que lo vieron en una obra en construcción, y que cuando le salta la térmica se da una vueltita por el Clínicas o algún otro hospital.

A continuación, enfrentamos uno de los momentos más impresionantes de cualquiera de nuestras investigaciones. Fue la entrevista que hicimos a la persona encargada de proveer y acondicionar los cadáveres desde la morgue hasta la sala donde son "examinados" por los estudiantes. Se mostró dispuesto a darnos información con la condición de hacerlo mientras trabajaba. Por lo tanto, vestidos con guardapolvos prestados, debimos acompañarlo por los pasadizos con olor a formol de la morgue del Hospital de Clínicas.

—Escuché ese cuento —dijo rápidamente, mascando algo que no pudimos precisar— y me encontré varias veces con tipos que diseccionaban fiambres en horas no permitidas. De hecho, conozco tantas cosas que podrían escribir un libro sólo sobre mí.

Entramos en la morgue propiamente dicha.

—Conozco la historia de Pascual Colombo, como sé de muchas. Según tengo entendido, era un cabecita de provincia que se tiró el lance pero le salió mal, como a tantos. Hasta tuve la oportunidad de agarrar uno que me afanaba los hígados de los fiambres.

—¿Para venderlos?

—No, se los morfaba; lo agarré justo cuando se llevaba el de una vieja que había llegado el día anterior. Miren muchachos, en el Clínicas y, como me imagino, en todos los hospitales, si se truchan las historias clínicas, no veo por qué no puede haber médicos falsos. Bueno, ¿me acompañan a la fiesta, muchachos? Los "boys" de la facultad me están esperando ansiosos.

Todavía con la impresión del lugar y con el olor penetrante del formol impregnado en nuestra ropa, dejamos la morgue y fuimos en busca de más testimonios.

El siguiente provino del personal de seguridad del hospital. El hombre en cuestión pidió que no reveláramos su nombre.

—Mirá, no es por defender a nadie, pero este hospital está muy bien organizado, dentro de todo. Jamás escuché una cosa así. Bueno, jamás no, pero me parece muy difícil que algo así pase, ¿viste?

—¿Por qué?

—Nosotros tenemos en planillas todos los movimientos del personal médico. Todos tienen que pasar por acá.

—¿Y con respecto a la guardia?

El hombre se quedó pensativo unos segundos.

—Para pasar sin ser descubierto, el tipo tendría que hacerse pasar por paciente. A mí nunca me pasó, aunque tampoco estoy hace tanto tiempo, ¿viste?

Una enfermera del hospital, de nombre Ana, coincidió con estas afirmaciones y reconoció la historia de Pascual Colombo.

—Está en el baño, está escrito en las paredes del baño de hombres y en el nuestro también. Dice: "Colombo estuvo aquí". Claro que lo pudo haber escrito cualquiera. Lo que les puedo comentar es que yo sí vi a un tipo que se creía médico y que hasta se ponía guardapolvo, un loquito que no duraba más de una hora antes de que la policía se lo llevara porque ya lo conocían todos, pero no creo que tuviera algo que ver.

Nos faltaba algo más, obviamente: la opinión de los pacientes. Sobre todo la de los que esperan ser operados de vesícula.

—Es lo primero que me dijeron —nos comentó una señora muy simpática, *Berenice M.*—. Apenas llegué me comentaron: "Cuidado, que no te agarre el doctor Colombo". Así que yo pregunto a todos los médicos quiénes son, por las dudas.

—¿Y vienen practicantes de medicina?

—Uf, eso es un bochorno. Una se siente como una rana que van a despanzurrar en cualquier momento, es espantoso. Igual, siempre vienen de a muchos. Está el profesor, o como se llame, y los estudiantes que se ponen al borde de la cama. La verdad, algunos tienen tanta cara de asustados y son tan bebés que no me gustaría que uno de esos me atendiera.

En ese momento, intervino una persona que hasta entonces sólo miraba el techo sin decir nada: era el paciente de la cama de al lado, un señor muy mayor.

—Miren, jóvenes —nos dijo sin dejar de mirar el techo—, yo soy un veterano del Clínicas. Como vivo solo y la cosa se pone brava con la jubilación, me vengo para acá, total seguro que algo me van a encontrar. No me quejo. Me dan de comer, me atienden, no paso frío, un buen service, bah. Acá se escuchan muchas cosas. Y la del Colombo es un clásico, te la cuentan para que no puedas dormir, para que compartas el insomnio con todos los que esperan pasar por el cuchillo.

Creemos que no sería desacertado decir que Pascual Colombo podría tratarse, entonces, del equivalente hospitalario del "Hombre de la Bolsa", un personaje siniestro en el cual se concentrarían todos los temores de los pacientes... como también los de los profesionales.

"El miedo es creativo —afirma el ensayista y pensador argentino Héctor Arregui en su ensayo *Las resonancias del instinto*—. El miedo de un hombre que espera puede ser el más creativo de todos. Y el más desesperante."

Villa Devoto

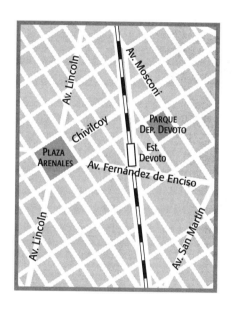

En el curso de nuestras investigaciones nos vimos obligados a conformar, con algunas de las historias recopiladas, ciertos subgrupos afines (dentro de los grupos que terminaron dándole nombre a cada una de las secciones del libro). Uno de ellos se denominó "sorpresas repentinas". La siguiente es una recreación de la historia que consideramos más interesante de este subgrupo:

En el sueño, Perry, su vieja mascota, la miraba fijo, pero sus enormes ojos no poseían brillo alguno. La lengua afuera, como una lija seca, caía de costado.

Marta se despertó en llantos: era un sueño demasiado real. Apenas despabilada, se levantó de un salto —a pesar de que ya era una mujer mayor—, se puso las pantuflas y fue derecho a la alfombrita que usaba Perry. Lo llamó varias veces pero el animal ni se movió. Las lágrimas de su sueño no se habían secado aún cuando Marta acercó una mano cautelosa al perro. Estaba duro. Aunque sabía que a veces Perry también tenía pesadillas y se ponía rígido, no pudo engañarse más que unos segundos. Era una inconfundible rigidez cadavérica. El can parecía un felpudo arriba de otro felpudo. Marta se agachó, se apoyó contra el suelo y retorciendo la afombrita —la verdadera— lloró. Lloró desconsoladamente, y sus lágrimas de vigilia se unieron y superaron a las del sueño.

Marta miraba el cadáver del pobre Perry y no podía marcar los números de Raquel, su mejor amiga. No recordaba la secuencia. Después de dar con un par de equivocados, acertó con los dígitos correctos.

—Lo maté, Raquelita —dijo Marta apenas le contestaron—, yo lo maté.

—¿Quién habla?

—Marta, Marta, perdoname, Raquelita.

—¿Qué pasa? Querida, pará de llorar y tranquilizate.

—No puedo, yo tengo la culpa.

—Mirá, calmate y decime.

—Es Perry. Yo te dije que debía llevarlo a Córdoba, que el veterinario...

—¿Está bien tu mascota?, ¿otra vez el asma?

—Se me fue... Raquelita, qué hago sin él ahora. ¡¿Eh?!, me querés decir.

—Bueno, Martita, no quiero ser brusca, pero en principio, tenés que enterrarlo. ¿Hace cuánto que estiró... que murió el bichito?

—No sé, me desperté y lo vi así. Yo había soñado...

—Bueno, bueno, ¿tenés dónde enterrarlo?

—Dónde... ¿qué querés decir?

—Sí, dónde cubrirlo con tierra para que... descanse tu perrito.

—Virgencita santa, no lo había pensado.

—Escuchame, en el jardín de atrás de mi casa tenemos espacio, qué te parece si me lo traés.

Marta no quería tocar a Perry. Si hubiera sido por ella, habría dejado ahí a su fiel compañero de años. Pensó en embalsamarlo, pero no aprobaba ese procedimiento cruel, aunque sabía que su perro no iba a sufrir. No, había que resignarse a perderlo. Haría un pequeño ataúd, se lo encargaría a la maderera, o si no, a la funeraria, uno como para un bebé. Marta revisó el monederito que usaba de alcancía. Y sí, le alcanzaba, pero de gastar no tendría para la prótesis dental y la verdad era que la necesitaba. Buscó algo que pudiera reemplazar el ataúd, pero todas las cajas eran muy chicas. Revisó los armarios y finalmente se decidió por una caja de zapatos que estaba nueva. Su finado marido no tuvo ni tiempo para estrenar los zapatos que contenía.

Perfumó a Perry con su mejor fragancia. Después, sacó un mantelito bordado a mano por su madre y lenta y cuidadosamente amortajó al animal. Tuvo bastantes problemas con la lengua seca. Suavemente la enderezó y la rozó por última vez. Colocó a Perry en la caja. Por suerte y acomodando una de sus patitas, Perry entró perfectamente. Antes de cerrar la tapa, Marta acarició el hueso de plástico favorito y otras pertenencias de su mascota. Entrevió los ojos apagados del perro entre la mortaja improvisada y lloró otra vez. Con manos nerviosas cerró la caja, la ató con un piolín y finalmente la envolvió con un papel araña que le sobraba de sus tiempos de docente. Lo único que quedaba era arreglarse un poco e ir a lo de Raquel.

Hacía tanto tiempo que Marta no se ponía aquellos tacos blancos, que le costaba caminar. El vestido negro con la cartera haciendo juego ya lo había usado varias veces, pero no se acostumbraba. No tenía importancia, Perry se merecía una despedida digna. Marta estaba convencida de que nadie podría haber llenado esos años de soledad mejor que su pequinés.

Miró el reloj.

Tenía que apurarse, Raquel ya la había llamado varias veces para preguntarle el porqué de la tardanza. Generalmente tomaba radiotaxis o remises, por los robos, pero esta vez tendría que parar cualquier taxi.

Autos y más autos, ningún taxi, y la bolsa roja donde descansaba la caja, pesada. Una camioneta, un taxi ocupado, dos autos y una moto. Un taxi libre. Una cuadra antes lo tomó otra persona.

Marta volvió a mirar la hora. Cuando levantó la cabeza, la moto, como un insecto gigante, fue contra ella. Uno, dos tirones, un empujón.

"Soltá, vieja de mierda", alcanzó a escuchar Marta desde el anonimato del casco. Después, el empujón, y el tobillo que se rompió con un ruido horrible al dar con el cordón de la vereda. Quiso gritar pero perdió los dientes postizos con la caída y tan sólo le salió un silbido frágil mientras veía alejarse la moto.

El ladrón casi no se detuvo hasta llegar al galpón donde acostumbraba guardar el botín. Antes, en un semáforo, revisó brevemente la cartera de Marta pero no encontró gran cosa. Tan sólo unos pocos pesos, unas fotos en la billetera. El ladrón se rió de las fotos: una de un viejo de unos 60 o 70 años, y la otra de un pequinés muy feo.

Qué vieja pelotuda, pensó, nunca quieras cambiar un hijo por un rope. Miró una vez más la cartera y la desechó. Sacudió un poco la bolsa. Cambió el semáforo y arrancó convencido de que debía tener algo importante, si no la vieja no hubiera chillado tanto.

Estacionó la moto detrás de las chapas acostumbradas.
Antes de sacarse el casco, se aseguró de que no hubiera nadie.
Encendió un sol de noche y se dedicó a violar el paquete.
Cuando descubrió el contenido, por unos segundos, no supo
qué hacer.

Esta leyenda urbana clásica (caja que contiene mascota muerta es arrebatada por ladrón que imagina algo de valor) tiene otra versión muy conocida, con una estructura similar, que involucra, en lugar de un perro muerto, un cadáver humano.

Ahora bien, lo que nos llevó a profundizar en ella fueron los rumores de que algo como lo que relatamos al comienzo ocurrió realmente en el barrio de Villa Devoto.

En la tradicional confitería de Fernández de Enciso y Mercedes (frente a la plaza Devoto), uno de los empleados, *Osvaldo F.*, dice haber sido testigo presencial del hecho. Y que, inclusive, acompañó a la camilla que llevó a la señora Marta hasta el Hospital Zubizarreta, ubicado a muy poca distancia (Chivilcoy y Nueva York) de allí.

—Yo la acompañé —nos dijo Osvaldo—. La pobre estaba destrozada. Creo que estuvo internada como una semana, más o menos.

Otros, como *Valerio T.*, empleado de una calesita pegada casi a la confitería, aseguran incluso que el ladrón de la moto ya había sido visto varias veces por la zona, y que, luego de esa tragicómica escena, no apareció nunca más. No obstante coinciden en que la gente se fija muy bien antes de cruzar, principalmente en la calle Nueva York.

—Esto es tierra de nadie, muchachos —nos dijo *Vale-*

rio T.—. Todos tenemos que cuidarnos el culo. Y otra cosa: el pichicho no estaba muerto, al final.

Este último dato arrojado por el calesitero coincidió con ciertos rumores que aseguran que no sólo no estaba muerta la mascota en la caja, sino que, luego de ser descubierta por el caco, consiguió escapar y estuvo un tiempo vagando por el barrio en busca de su ama.

Según algunas versiones, la tal señora Marta vendió su casa de Joaquín V. González al 4100 y nunca más se supo de ella. Otros dicen que sus familiares le pusieron un kiosquito. Pero a los pocos meses sufrió un robo y ya no quiso saber más nada, y abandonó el barrio para siempre.

En cuanto a su amiga, nos fue imposible comprobar la identidad. Las pocas Esther halladas en Villa Devoto nos aseguraron que no tenían nada que ver con un pequinés muerto.

Aunque Marta, Esther y el perro hayan desaparecido del barrio (si es que alguna vez estuvieron), hay quienes dicen que este trío no fue el único que vivió el mito en cuestión. Por ejemplo, *Perla P.*, quien afirma: "Una vez al año pasa algo parecido. La historia de Marta es la más conocida, pero siempre vuelve a ocurrir, con otras personas. Y así seguirá, mientras los chorros sigan haciendo de las suyas".

Según algunos investigadores, ciertos sucesos suelen guardar una misteriosa periodicidad. "Si la realidad tuviera un cuerpo de carne y hueso —dicen—, estos acontecimientos podrían interpretarse como la manifestación del latido regular de ese cuerpo."

Quizás, el mito de la mascota muerta y arrebatada pertenezca a este singular grupo. De ser así, deberíamos estar atentos de no convertirnos, de un día para el otro, en una pobre Marta.

Flores

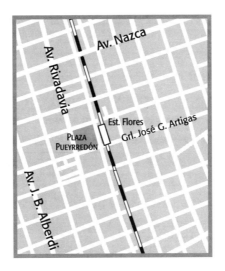

Los protagonistas de esta historia se habrían conocido en un bar de Flores, más precisamente en una confitería muy cercana a la plaza Pueyrredón.

Ella estaba sola. Rubia, llamativa y sola. Fumaba.

Ellos eran tres amigos y pasaban los 30, pero Manuel Peralta era el único soltero. Esa noche estaba destinada exclusivamente a la amistad. Los "jueves de boludeo" los llamaban.

Todos vieron a la rubia.

—Debe estar esperando a alguien —dijo uno de los amigos.

—A que no te animás a hablarle —apuró el otro.

Manuel era bastante tímido, pero no le faltaba coraje. Era un don familiar. Terminó su vaso de whisky y prendió un cigarrillo. Qué decir, qué decirle. No podía demorar más.

Levantó la cabeza y la encaró decidido. Para sorpresa de la rubia, Manuel se sentó en la silla de enfrente.

—Disculpame la intromisión, pero no puedo dejar pasar por alto tan buen gusto —le dijo.

La rubia no se inmutó.

—Soy diseñador textil y me intriga el vestido que tenés puesto. ¿De qué tela es?

La rubia movió una ceja y dijo:

—No sé.

—Igual, ¿qué importancia tiene? Por más que te pongas un trapo rejilla, todo te quedaría bien.

La rubia mostró sus dientes blanquísimos y soltó una risa muy breve.

Manuel no pudo precisar el momento exacto. Si fue antes o después de ese gesto. Lo cierto es que se enamoró. El corazón le latía descontroladamente y sentía arder su cara.

Al ver que la rubia no lo echaba, él se presentó.

Ella dijo llamarse Cris.

Evidentemente, Manuel reconocía los síntomas del amor. Cris no era un nombre exótico, pero le sonó como una música única. Una melodía celestial pronunciada por un ángel. A partir de entonces, Manuel sintió más confianza. Sus amigos no lo podían creer. Menos, cuando la pareja se levantó y se fue del bar.

Así empezó el noviazgo. Y los planes de Manuel. Cris lo volvió loco. Y no eran sólo su belleza y su extraordinaria juventud: era esa mezcla de misterio y tristeza que cargaba su rostro.

Poco después, Manuel supo por qué ella estaba en el bar. La había encontrado en el momento justo, con las "defensas bajas". Es que Cris era enfermera y cuidaba gente mayor. Esa noche se había sentido agobiada por el dolor, el sufrimiento ajeno.

Manuel deliraba de amor. Por si fuera poco, el desempeño sexual de Cris era una excursión a tierras paradisíacas. Qué iba a esperar: le ofreció matrimonio a los pocos meses. Ella se sorprendió tanto que le pidió unos días para pensarlo. Durante esos días de espera Manuel casi no durmió. Para su alivio, finalmente ella aceptó. Aunque los padres de Manuel estaban desconcertados con "el nene", aprobaron su decisión. No podían negar que Cris les resultaba encantadora.

Fijaron el día del casamiento.

Por supuesto, había que hacerle una despedida de soltero como correspondía. Los amigos se juntaron para decidir. Finalmente, eligieron un prestigioso cabaret de la zona de Flores. La noche convenida llevaron a "la víctima" al night club.

Todo iba bien **hasta que el** presentador anunció que Manuel se despedía de su soltería y lo convocaron al escenario. Al principio se resistió, pero no había escapatoria. Alguien le vendó los ojos. Lo llevaron de la mano y lo dejaron ahí. Con una música sensual y en medio de los gritos de la multitud, Manuel sintió que le desabrochaban la ropa. Los pantalones cayeron y el slip también. ¡Estaba desnudo y rodeado de gente extraña!

El presentador entonces dijo: "A ver, ahora hágale una revisión completa al paciente". Manuel sintió manos femeninas por su cuerpo, unas manos (¿esas manos?), un aroma (¿un perfume conocido?). Sus vendas se desprendieron y de pronto todo se derrumbó, todo.

No se sabe a ciencia cierta quién se dio cuenta primero. Cris se tapó la cara con una de las manos y con la otra se cubrió lo que quedaba de su uniforme de "enfermera". Manuel perdió el equilibrio y cayó pesadamente al suelo. Algunos dicen que no paró de repetir el nombre de ella toda esa noche y durante días. La boda se canceló.

La hipótesis inicial de trabajo establecía que esta historia había ocurrido realmente; sólo con el tiempo, diferentes rumores la moldearon hasta transformarla en mito urbano.

Fue así como ubicamos el edificio de la calle Varela al 100 donde vivió Manuel y comenzamos las entrevistas.

—Hacían una linda parejita —nos dijo *Berta S.*—, se hacían mimos todo el tiempo. De afuera nunca podrías pensar nada así, nunca. La verdad, es una pena.

No opinaba lo mismo *Inocencio B.*, el encargado del edificio, que mientras barría la vereda nos dijo por lo bajo:

—Esta vieja no tiene ni idea. A mí siempre me pareció rara esa mina. Cómo te miraba, una mezcla de cogotuda y de puta al mismo tiempo. No sé, te miraba de una manera que sólo una prosti te puede mirar. Claro que eso era cuando ella venía a buscarlo. Cuando los dos andaban juntos volvía a la normalidad. Pobre Manuel, se fue al poco tiempo del barrio; les digo más, al departamentito lo vendió por chaucha y palito, regalado casi.

El vecino del mismo piso (son dos departamentos por planta) nos atendió con un ojo en la mirilla y dijo que no quería hablar de nada. Insistimos y finalmente logramos sacarle unas palabras. La reconstrucción de ese diálogo enrarecido sería el siguiente:

—Lo que puedo decir es que estaban enfermos. No sé quién enfermó a quién. Tenía que soportar ruidos molestos algunas noches, usted me entiende. Las habitaciones de los dos departamentos dan al mismo aire y luz.

Por ese camino la investigación no arrojaba datos concluyentes; por lo tanto, decidimos orientar la búsqueda hacia otro lado: el mundo de los cabarets. Por eso, fuimos hasta el lugar en donde supuestamente se produjo "el descubrimiento".

El cabaret, situado en Rivadavia al 7400, es un clásico del barrio y ha logrado sobrevivir a todas las modas. Arreglamos una entrevista por teléfono y en un horario marginal con *Ronny F.*, un auténtico personaje, que se mostró muy entusiasmado en contar lo que supiera. Su manera de hablar tenía un cierto acento caribeño.

—Es que estuve un tiempito en República Dominicana. Y de ahí me traje un par de negras divinas. Marlene, por ejemplo, es una de las mayores atracciones del boliche.

Nos alcanzó unas fotos que sacó de su bolsillo. Las fotos pasaron a través de una vaporosa nube producida por el enorme puro que pitaba Ronny.

Le pedimos que nos explicara el "funcionamiento" con respecto a las despedidas de soltero.

Ronny, que hasta ese momento lucía una impecable sonrisa, se puso serio.

—Quiero aclararles algo antes. Ninguna de las chicas que trabajan acá es esclava. A mis negras las traje por propia voluntad y muy contentas que están. Todas las chicas ganan muy buena plata. Claro que pasan muchas. Algunas juntan bastante y se enganchan a un tipo y después son señoras muy respetables. A más de una la vi caminando por el barrio. Pero qué le vas a hacer.

En ese instante sonó un celular con una melodía programada de dudoso gusto. Ronny levantó una mano como pidiéndonos permiso y se puso a hablar a los gritos.

Después de cortar la comunicación nos dijo:

—Los que llamaron necesitan un delivery para esta noche. Una despedida, casualmente. Pero es más costosa, claro. En las otras, vienen los conocidos del interesado y nos avisan o no de antemano. Nosotros tenemos show continuado hasta las 5 o 6 de la mañana, depende del día. Cuando nos avisan, el presentador, que vengo a ser yo, anuncia que tenemos a fulano de tal y lo hacemos subir a ese escenario que ven ahí. La cara de algunos es muy divertida. Las chicas hacen su número y lo hacen muy bien. Después, el homenajeado vuelve a su lugar. Claro que puede pedir a cualquiera de las chicas. Para eso tenemos unos lugares especiales.

Sin demoras, le relatamos nuestra versión del mito.

—Yo la sabía diferente. Me la contó una de las chicas. Y que había pasado acá, también. La chica se llamaba Sol. Les cuento de paso que el número de la enfermera es un poco viejo, igual que el de la colegiala. Ahora estamos armando uno tipo *Matrix*, que las chicas vengan del techo. La ropa de cuero bien apretada y todo eso. Bueno, parece ser que Sol estaba de "franco" ese día y conoció al tipo en cuestión. Realmente le gustó, le gustó de verdad. Encima, tenía guita. Lo que no descubrió fue que ella se había pescado SIDA. Unos días antes de casarse y en el examen que te hacen para el casorio de civil salió bien clarito. ¡Qué chévere!, diría una de mis negras. Él se enteró porque fue el que retiró los resultados. Hasta donde yo sé, el tipo le dio una patada en el culo, pero no se contagió. Vino acá, hizo un despelote fatal que hasta tuvo que venir la cana y por poco clausuran el boliche.

Agradecimos a Ronny e intentamos localizar a la tal Sol.

Desistimos al poco tiempo. Nadie sabía más de ella. Ni siquiera si había fallecido a causa de la enfermedad. ¿Podría ser Sol la misma Cris del mito?

Algunos van más allá, aseguran que Manuel pudo haber tomado y modificado un mito ya existente de la despedida de soltero para su propia conveniencia. Esto es lo que podríamos denominar "apropiación o vampirización del mito".

La teoría completa diría que Manuel conoció realmente a una joven y al poco tiempo decidieron casarse. Pero fue rechazado por su amada: Manuel tenía SIDA. Por lo tanto, el novio abandonado echó mano del mito en cuestión y lo difundió para salir indemne, haciendo de su novia una prostituta, y de su propia persona, una víctima.

Existe una historia que bien pudo haber sido la "inspiración" del plan de Manuel.

Hace algunos años, se publicó en todo el mundo una historia ocurrida en Holanda. Las versiones diferían unas de otras, pero la base del relato es la siguiente:

Un matrimonio había tenido una muy fuerte discusión por una sospecha de infidelidad por parte de ella. Dispuesto a "vengarse", esa misma noche el marido fue a un cabaret. Era 31 de octubre, Noche de Brujas, por lo tanto, la condición era ponerse una máscara; al esposo atormentado le dieron una en la entrada.

Al principio, no se animó a hacer nada, él todavía amaba a su esposa y en parte se sentía culpable. Empezó a beber para darse ánimos, mientras veía el espectáculo. Con varias copas de más se reía, se reía mucho, y aplaudía cada vez que aparecían las chicas. Hasta que fijó la atención en una mujer delgada pero de buenas formas, con antifaz negro. Le gustaba mucho su sensualidad, su estilo. Revisó su billetera. Estaba decidido: quería tener a esa mujer. Ya nada le importaba.

Esperó que terminara su número y la abordó. No era fácil convencerla. La profesional sonreía, pero no aceptaba. Él insistió, la agarró del brazo. Le prometió cosas, ya estaba lanzado. Al final la convenció y fueron a un cuarto rosa. Ella le pidió con gestos el pago por adelantado. Él vació sus bolsillos. La mujer contó el dinero y finalmente volvió a sonreír. Él le pidió que se quitara la ropa. Con movimientos sensuales, ella se desvistió hasta quedar totalmente desnuda. El hombre le pidió que se sacara el antifaz. Todavía no, le hizo entender ella negando con la cabeza, y empezó a desnudarlo. A pesar de la cantidad de alcohol que había bebido, él estaba muy excitado. Ella empezó a besarlo. Besaba bien, muy bien. Una auténtica profesional. Quería verla, quería verla...

Al arrebatarle el antifaz, el mundo que antes daba vueltas por la borrachera se derrumbó. La que estaba detrás de ese antifaz era... su esposa.

PARTE II
Fantasmas

Chacarita

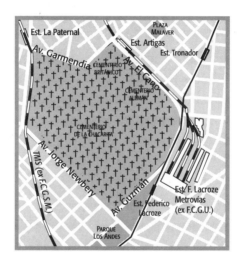

MUJER MUERE SOBRE LA TUMBA DE SU MADRE: En las primeras horas de la mañana de ayer fue encontrado, dentro de las instalaciones del cementerio de la Chacarita, el cuerpo sin vida de una mujer. El hallazgo lo realizó Rodolfo Barrientos, quien dijo estar caminando hacia el sepulcro de su hijo cuando divisó "a una mujer acostada sobre una de las tumbas". Barrientos supuso que estaría dormida e intentó hacerla reaccionar, pero, ante la falta de respuestas, decidió dar el aviso a uno de los cuidadores. Luego, personal médico anunciaría la condición sin vida de la víctima, la cual fue identificada como Felipa N. Hospertatto, de treinta y nueve años, soltera, con dos hijos. La tumba sobre la que reposaba su cuerpo era la de su madre, Inés P. Tossi de Hosperttato. Los médicos también dijeron que, al momento de ser encontrada, la mujer llevaba muerta algunas horas; "quizá haya estado así, sin vida, toda la noche", comentó uno de ellos y agregó: "murió por un paro cardiorrespiratorio. El estado emocional que acompaña a las depresiones profundas, sobre todo las relacionadas con la pérdida de seres queridos, causa esta clase de ataques fulminantes".

Esta noticia fue publicada en mayo de 1978 por *Todo Real*, un periódico de barrio ya desaparecido. Y, por lo que sabemos, fue éste el único medio que registró el acontecimiento. Ejemplares de diarios más importantes pertenecientes a la misma fecha parecían estar muy ocupados con el Mundial de Fútbol que se disputaba en nuestro país, como para dedicarle algún espacio a la muerte de Felipa.

Como pudimos ver, el periódico barrial nos ofrece tanto el punto de vista del señor Barrientos, responsable del descubrimiento del cadáver, como el de los médicos que lo examinaron.

Pero, ¿qué ocurrió desde el punto de vista de la víctima? ¿Cómo vivió aquellos últimos instantes de su vida? ¿Hablándole a su madre muerta, quizá? ¿Llorando hasta que su corazón se detuvo?

Sabemos que pedirle estas respuestas a un periódico (y más a una humilde publicación local) es prácticamente inútil. Salvo que el periodista responsable de la crónica sea vidente o se comunique con los muertos.

Pero a lo que sí podemos acudir es a una leyenda urbana que ronda por las calles de Chacarita, la cual, según sus devotos, guarda la verdad de lo que realmente vivió Felipa (y como Felipa, muchos otros) en sus últimas horas.

El siguiente relato intenta reconstruir, entonces, lo que pudo haber experimentado la víctima, según la leyenda:

Aquella tarde, Felipa ingresó en el cementerio de Chacarita para visitar la tumba de su madre. En cuanto llegó a la lápida, apoyó la palma de la mano en la placa con el nombre de la muerta, y la saludó. Cambió el agua y las flores que descansaban a un costado de la tumba. Luego le habló a su madre durante una hora aproximadamente, hasta que vio que empezaba a hacerse de noche. Entonces posó nuevamente su mano sobre el nombre de la difunta, se despidió y comenzó a caminar entre otras madres que no eran la de ella, entre padres y abuelos, entre hijos y nietos. Todos muertos.

Cuando Felipa salió del cementerio no se sentía con ganas de caminar las cuatro cuadras que la separaban de la parada del colectivo. Lo mejor era tomarse un taxi directo a casa. Levantó la vista y distinguió uno que avanzaba lentamente por Lacroze. Estaba libre. El taxi ya se había desviado en su dirección cuando ella levantó la mano. La mujer se subió y le indicó al chofer el destino. En otras circunstancias, Felipa hubiera percibido la extrema palidez del conductor, así como también la silenciosa respuesta (un lentísimo cabeceo) que el hombre le dirigió luego de escuchar la dirección a la cual debía llevarla. Pero en aquel momento la mujer sólo se permitió sumergirse en recuerdos en los que su madre aún estaba viva.

Y así viajó, mirando sin mirar. Hasta que algo la sacó de su ensoñación, algo que arrastró su conciencia al taxi donde se hallaba sentada. Felipa sentía frío. Mucho frío. Eso era lo que la había obligado a dejar sus pensamientos: un frío increíble que le recorría todo el cuerpo. Instintivamente quiso cerrar la ventanilla... pero el vidrio no subía, la ventanilla estaba cerrada. Miró la ventanilla del chofer. Cerrada también. Entonces ¿de dónde venía aquel frío insoportable?

Estuvo a punto de hablarle al taxista, pero se quedó muda cuando vio aquellas manos sobre el volante. Las manos del chofer eran extremadamente flacas, como si llevara la piel pegada a los huesos. Y además estaban muy pálidas, casi blancas. Quiso descubrir el rostro del hombre en el pequeño espejo delantero, pero estaba inclinado en un ángulo tal que sólo reflejaba parte del asiento vacío al lado del chofer. Felipa sentía el cuerpo cada vez más frío.

—Perdón —se animó a decir. El taxista no contestó.

—Perdón, señor —insistió. Nuevamente no obtuvo respuesta. Entonces la mujer alzó la mano para tocar el hombro del taxista; pero nunca lo consiguió. Su propia mano, la que había levantado para llamar la atención de aquel misterioso conductor, la asustó. Su mano era la mano de un muerto. Huesuda, pálida como la del taxista. Y fría como todo su cuerpo. Alzó la otra mano. La contempló con el mismo horror. Dios, ¿qué le había pasado? Entonces el taxista se movió. Giró lentamente el espejo delantero. Felipa pegó un grito cuando en el cristal apareció el rostro raquítico y deformado de lo que parecía el cadáver de una mujer. Cuando Felipa gritó, aquella imagen también lo hizo. Y entonces supo que aquél era su reflejo. Sí, no sólo las manos se le habían marchitado, sino también el rostro. Quizá también todo el cuerpo. Felipa quiso llorar, pero no brotaron lágrimas de sus ojos.

El taxi se detuvo.

Felipa miró por la ventanilla. Estaban nuevamente en la entrada del cementerio de Chacarita.

No hizo falta que le preguntara al chofer por qué habían vuelto al mismo lugar. Las voces que escuchaba ahora eran toda la explicación que precisaba. Voces que provenían del mismo cementerio, voces que repetían su nombre. Los muertos la estaban llamando, y ella no podía resistirse. Felipa ya era uno de ellos.

En síntesis, el mito asegura que existe un taxi cuyo conductor sólo recoge a personas que salen del cementerio de Chacarita. Quien suba a ese vehículo será convertido en cadáver, y luego dejado nuevamente en el cementerio para su descanso eterno.

Los mitos sobre taxis son muchos y muy variados. Podemos encontrar mitos famosos, como el del taxista de estrellas de Hollywood, Thomas L. Hommer, quien aseguró que el 15 de octubre de 1959 subió a su taxi el actor Errol Flynn (solía llevarlo a los estudios de grabación); pero, a mitad del viaje, el galán desapareció misteriosamente del asiento trasero. Luego el taxista se enteraría de que Errol Flynn había muerto el día anterior, el 14 de octubre.

Otro ejemplo, también proveniente de los Estados Unidos (Chicago), es el del mito del mafioso Jossepe, asesinado mientras viajaba en un taxi. Cuenta la leyenda, que se remonta a la época de Al Capone, que el taxi en cuestión (llamado cariñosamente *Betty-fly*) fue poseído por el alma de la víctima. El dueño del auto aseguraba escuchar, mientras viajaba solo, las risotadas del mafioso. Y una vez, confesó, vio el rostro del muerto reflejado en el espejo retrovisor.

En ambos ejemplos, los "extraños" sucesos son vividos por los choferes. En cambio, en nuestro mito del cementerio de Chacarita la "víctima" es el pasajero. Una historia que posee esta característica es el mito del taxi-fantasma de Londres. Y todo parece indicar que el de Chacarita sería una mutación de este antiguo mito.

La leyenda inglesa dice que las brumosas calles de Londres son recorridas por un auto típico de principios de siglo XX, un auto que se desvía en ciertos pasajes y callejones, en los que desaparece sin dejar rastro. Un taxi que nadie puede alcanzar. Y que los pocos que lo consiguen, se suben y jamás bajan. Al menos en este mundo.

Si nuestra especulación es acertada, resulta muy interesante la original mutación que sufrió el mito del taxi-fantasma en el barrio de Chacarita: no sólo trasladó al misterioso auto a sus calles, sino que cerró la historia alrededor de su cementerio.

Existe otro mito que, quizás, ayudó a originar esta mutación. Esta leyenda urbana es conocida simplemente como "El solitario", y cuenta lo siguiente: un conductor encuentra a alguien haciendo dedo en la ruta. Lo hace subir, y entre ambos nace una charla cordial. La persona que hacía dedo comienza a hablar de la soledad, de lo triste que es vagar sin compañía por el mundo de los vivos..., el conductor mira perplejo a su acompañante luego de esta última frase, pero es demasiado tarde: de repente, aquella persona agarra el volante, y el conductor pierde el control del auto. "Ven conmigo", son las últimas palabras que escucha la víctima.

En este relato también tenemos un final interesante. Y, como en nuestro mito de Chacarita, se captura a un vivo para llevarlo al mundo de los muertos.

En el cementerio de Chacarita no existían datos de alguien con el apellido Hospertatto, como tampoco pistas acerca de alguna persona que hubiera muerto sobre alguna de las incontables tumbas.

—Se dice que a veces —nos aseguró un cuidador del cementerio— aparecen cosas raras arriba de las tumbas. Hasta dicen que hubo un compañero que encontraba cuerpos así.

Fuera del cementerio, algunos de los entrevistados (trabajadores de comercios cercanos al lugar y transeúntes) entregaron los siguientes testimonios:

Perla C. (peatona): "La del taxista muerto es una de esas historias que uno no cree, pero que por las dudas se cuida. Yo nunca tomo un taxi cuando visito a mi finado abuelo. Ni de ida ni de vuelta".

César P. (puesto de diarios): "Lo del taxi es una pavada. Como la historia del cura que flotaba sobre las tumbas. O la del loco de los carteles. El único que se las cree es el viejo Sandoval. Es el Víctor Sueiro del barrio. Una vez me dijo que vio, dentro del cementerio, a los fantasmas de Gilda y Gardel discutiendo de música. Está más loco que una cabra".

Melchor M. (florería): "Acá se juntan muchos tacheros. A veces veo pasar a uno que casi nunca para. Lo recuerdo bien porque siempre pasa despacio. Nunca lo vi bajar del auto pero parece un tipo alto. La cara que tiene me hace acordar al grandote de los Locos Adams".

Sergio G. (taxista): "Ése es el rarito. Nunca se baja a juntarse con la muchachada. Pasa por acá, se queda un rato, pero no se baja del tacho. Ni para comerse un pancho se baja".

Gabriel S. (taxista): "Es un trucho, ese. Yo me fijé: no lleva identificador en el asiento. Sí, son esos de los que tienen el registro arreglado. Hasta la matrícula es falsa: RIP666 ¿Adónde se vio? Además con ese coche no puede llevar a nadie, debe ser Peugeot ochenta y algo".

Al viejo Sandoval, como lo llamó César P., no fue difícil hallarlo: todas las tardes, a eso de las 5, toma su café en el bar Imperio, justo enfrente del cementerio. El viernes en que hablamos con él vestía una campera militar, verde camuflada. La llevaba arriba de una especie de overol azul de trabajo. Tenía dos grandes cicatrices. Una le cruzaba la frente. La otra iba del pómulo derecho hasta detrás de la oreja del mismo lado. Fumaba pipa.

—Yo salía de visitar la tumba de mi padre —comenzó don Sandoval—, cuando tomé aquel taxi maldito.

—¿El taxi de la leyenda?

—Sí, yo también pensé que era mentira. Hasta ese día. Si no hubiera sido por mi viejo...

—¿Perdón?

—Arriba del taxi iba pensando en mi viejo, recordando cosas de cuando estaba vivo: haciendo el asadito del domingo en la parrilla que teníamos en la terraza; bailando un tango con mi vieja en la cocina. Yo estaba muy concentrado en esas imágenes. De repente, escucho que gritan mi nombre. Ahí me doy cuenta de que sigo en el taxi y veo por la ventanilla a la persona que me está llamando. Un tipo en bicicleta. Pedaleaba como un loco, al lado del taxi. Cuando vio que yo lo miraba, sonrió, como si hubiera conseguido lo que quería, y aflojó la marcha. Lo dejamos atrás. "¿Vio a ese hombre, el de la bicicleta?", le pregunté al conductor. Nada. "Era mi padre", le dije. "Era mi padre." Y entonces le vi las manos sobre el volante. Eran las manos de un muerto.

Aquí, don Sandoval, hizo una pausa. Tomó lo que restaba de su cortado y le dio una buena pitada a su pipa. Luego continuó.

—Cuando le vi esas manos horribles, me acordé de la historia del tachero muerto-viviente. Y entonces me di cuenta de que la cara del chofer se reflejaba en el espejo retrovisor. Esa calavera me relojeaba desde el espejo, como si estuviera mal que yo me hubiese despabilado, que me hubiera despertado justo en ese momento.

—¿Y usted qué hizo?

—¡Ah, muchachos! —exclamó don Sandoval mostrándonos, con un círculo casi perfecto, sus dotes de hacer figuras con el humo del tabaco—. Mi instinto no me dejó pensar. Abrí la puerta y me tiré del taxi. Casi me mato. Me raspé todo el cuerpo. Me corté acá y acá (nos señala las cicatrices que ya habíamos visto en su rostro). Me quebré las dos piernas, y me rompí la nariz. Pero aquí estoy, sí señor. Que digan lo que quieran, que estoy enfermo, loco: lo-que-quie-ran. Yo lo único que sé es que el fantasma de mi viejo me salvó del taxi, me salvó de las garras de la Parca.

—Nos dijeron que usted asegura, además, haber visto una discusión entre los fantasmas de Gardel y de Gilda.

—Sí, ¿y? ¿Me creen loco por eso? Claro que me creen loco. Miren, señores, aquello que está a sus espaldas (Sandoval señaló, con su pipa, el cementerio más allá de la ventana) es una necrópolis, una enorme ciudad de muertos, con calles, diagonales, monumentos. Hay sepulcros que parecen casas. ¿Cuesta tanto creer que Gilda salió de su nicho para dar un paseo por aquella tierrasanta, y que en la intersección de las calles 6 y 33 se encontró con el Zorzal, y que entonces discutieron de lo que habían hecho en vida, de la música que tocó cada uno? Pregúntenle a esos gardelianos, que se juntan todos los domingos, si alguna vez no les pareció ver que se movía la estatua de bronce que tanto veneran, la misma a la que le dejan cigarrillos encendidos en las manos.

Don Sandoval tosió dos veces, y con los ojos colorados culminó su descargo diciendo:

—Si la estatua de Gardel se mueve, ¿por qué dos muertos no pueden juntarse a conversar?

—¿Volvió a ver al taxista? —preguntamos, tratando de volver nuevamente al mito.

—Muchas veces. Cuando me doy cuenta de que es él, lo miro desde la vereda. Y él también me mira. No soporta que se le escape una presa. Él sabe que yo jamás subiré a su taxi nuevamente. Pero es poderoso. Y quiere que yo tenga un accidente o algo así. Me quiere en su mundo. Me quiere muerto.

Sandoval vació la pipa en el cenicero y sacó más tabaco de un paquetito que tenía en el bolsillo del overol. Le hizo un gesto al mozo. Se pidió otro cortado.

—Y otra cosa más, muchachos —continuó—. No soy el único.

—¿El único en ver a ese taxista?

—El único en escapar. Conocí a una chica, una florista de acá, de Chacarita. Tenía un puestito ahí, al lado de este bar. Ella también subió al taxi y escapó. Yo hablaba con ella. Me decía que se estaba volviendo loca, que todos los días veía pasar al taxi maldito. Y que el cadáver que lo maneja le clavaba siempre la vista. No aguantó más y se llevó el puestito a Avellaneda. Hace un mes la mataron por accidente. Quedó en medio de un tiroteo. ¿A que no adivinan dónde descansan sus restos ahora? Sí, ahí enfrente (nuevamente señaló el cementerio con la pipa). Y ese hijo de puta me quiere hacer lo mismo a mí. Pero le va a costar mucho. Yerba mala nunca muere.

Para concluir, podemos decir que la historia del taxi maldito de Chacarita parece ser el resultado de la combinación de un mito universal, el del taxi-fantasma, con un excelente caldo de cultivo para historias fantásticas, como es un cementerio (y más teniendo en cuenta el tamaño y la importancia que tiene el nuestro). El mito echó raíces dentro del cementerio, y extendió sus ramas al exterior, a las calles del barrio que lo rodea.

Don Sandoval murió una semana después de nuestra entrevista. Tuvo un paro cardíaco mientras caminaba por la calle.

Sus restos descansan en el cementerio de la Chacarita.

Congreso

*M*arina *baja las escaleras del subte sin mirar atrás. Quiere huir, quiere esconderse en lo más profundo. Y lo mejor es el subte. Meterse en el túnel oscuro y morir un poco. Estar consciente mientras el corazón se deshace. Arriba, todo es calor, aunque sea de noche. La ira y el dolor también son calor para Marina.*

Pero cómo pudiste, piensa ella, y con una secretaria.

Y el calor es peor cuando recuerda la cara de él al pescarlo in fraganti, cuando bajó los cuatro pisos por la escalera de la Intendencia Municipal, cuando sintió que la pesadez de esa noche de verano se le metía sin piedad.

Angustia.

Pagar el pase con los ojos llorosos, mirando los escalones que se desdibujan, que son como teclas, para llegar al fondo. El andén de la línea A es como el retorno a un tiempo mejor, esplendoroso, piensa Marina. A la esperanza de la niñez.

En el túnel corre una brisa tibia que por un segundo la hace olvidar. En la estación hay gente, pero es como si no existiera para ella.

El subte es como un viejo borracho sobre rieles. Primero anuncia su llegada con un silbido, un rasgueo típico, un aviso de su proximidad. Después, el par de luces de la cabina y el bamboleo de esa bestia antigua, que se mece aquí y allá, pero aún resiste.

El vagón está casi vacío. Como no tiene a nadie cerca por el momento y de nuevo el calor y los recuerdos la agobian, abre la ventanilla. Marina se enfrenta al túnel desde el agujero de la ventanilla abierta. Mientras, el subte supera varias estaciones: Piedras, Congreso...

Alguien se le sienta enfrente y la mira con insistencia. A Marina no le extraña. Por su tarea, debe estar bien arreglada, casi como si todos los días fuera a una fiesta. Está a punto de cambiar de lugar, pero la brisa del túnel le hace bien.

Estación Pasco. Nunca le gustaron ni esa ni la otra media estación, Alberti. Esas estaciones que son de un solo andén siempre la incomodaron. Son como estaciones mancas, piensa Marina, algo arrancado, sin terminar. Y tal vez no se equivoca.

Ahora, el subte se mueve, lento. El tipo que está sentado enfrente la mira sin disimular. Eso no la inquieta. Lo que la angustia es que ese hombre se parezca tanto a su novio, o mejor dicho su ex novio, pero más joven.

A pesar del viento en la cara, Marina se siente asfixiada. Además sabe que entre esas dos estaciones siempre se corta la luz unos segundos.

El subte va más despacio que nunca.

La luz se apaga y entonces ella ve.

Su reacción es tan violenta que el sujeto que tiene cerca le pregunta si se siente bien.

Marina saca la cabeza cuando llegan a Alberti. Balbucea algo de unos muertos.

—Pero, ¿de dónde salió esa estación? —dice en voz alta.

—¿Qué estación? —pregunta el pasajero que está en el otro asiento.

—*La que pasamos, la... la que está en el medio* —*le contesta Marina*—. *Se ve que está en construcción, no está terminada.*

—*Mirá, te propongo que bajemos en la próxima y me contás mejor.*

Marina se siente tan perturbada por lo que vio, que accede. Tiene que tomar aire.

El extraño la lleva a un bar que conoce bien, en la esquina de Matheu y la avenida Rivadavia.

Se sientan a la mesa y Marina se larga a llorar sin represión alguna.

El joven, cuyo nombre es Leandro, escucha lo que dice ella con todo el interés del mundo.

—*...y estaban sentados en el andén con los pies en el aire. Estaban muertos, estoy segura.*

—*A ver si entiendo: vos me decís que entre Pasco y Alberti viste una estación a medio terminar, con dos muertos, corrijo, dos obreros muertos mirándote.*

Marina le agarra la mano y le dice que sí.

Leandro piensa que la chica está totalmente loca, pero le gusta demasiado para levantarse e irse.

La pregunta es ¿qué vio realmente Marina?

Cuando nos llegó esta historia, y después de ordenarla y recrearla en el relato que acaban de leer, lo primero que hicimos fue pasar incontables veces entre las dos estaciones. Después, hablar con la gente del bar de Matheu y Rivadavia.

Felipe C., el dueño del lugar, ya conocía la historia.

—No es nuevo lo que me cuentan —dice el señor Felipe, sentado en una de las sillas de su bar algo pasado de moda, pero que da la sensación de que ninguna crisis puede voltear—. Acá una vez un viejo, y les estoy hablando de hace más de diez años, me dijo algo por el estilo. Qué pálido estaba ese hombre. La tacita de café le temblaba tanto que la volcó.

Le pedimos mayor precisión.

—Fue para la época del plan Bonex. El hombre ya era mayor y había puesto sus ahorros en el banco, y claro, se lo devolvieron con esos bonos. Ese día los vio. Como venía muy seguido y ya teníamos confianza, le traté de sacar algo más. Primero, me confesó que estaba tan deprimido por lo de los bonos que abrió la ventanilla y estuvo a punto de tirarse. Después pensó en la jermu y los nietitos y se la aguantó. Por la angustia que tenía se agarraba el pecho y pensé que se me iba de un infarto ahí mismo. Luego me contó que lo peor fue cuando pasó *eso*.

"Se los puedo relatar casi palabra por palabra porque me lo acuerdo perfecto. El viejo me dijo que miraba el túnel y justo cuando se apagó la luz del vagón, sería más o menos entre Pasco y la otra, vio como si hubieran hecho un gran agujero para atrás. Todavía no era una estación pero se distinguía bastante. El andén ya estaba. Y en el medio, con una ropa como la que usaban de pibes para trabajar, estaban dos obreros. Estaba seguro de que eran dos. Con las ropas llenas de polvo, sentados en el andén. Las caras más tristes que él hubiera visto. No estaban vivos. No sabía cómo explicarlo. Lo raro es que, para él, si bien estaban ahí, el fondo de esa estación a medio hacer se les transparentaba por sobre la ropa.

Por supuesto, investigamos al protagonista del relato de

Felipe. Sus amigos le decían Pippo. Pero había fallecido, y nadie de su familia aportó mayores datos.

Nuestro siguiente paso fue entrevistarnos con las autoridades de Metrovías.

El señor *Juan Carlos M.* nos atendió cordialmente y nos mostró planos de las líneas, inclusive las remodelaciones modernas.

Cuando le preguntamos el origen de las "medias estaciones" de Pasco y Alberti, dudó un poco y quiso saber para qué necesitábamos esa información. Le aseguramos que era para un trabajo de urbanismo, para la carrera de Arquitectura.

—Tengo entendido —dijo el directivo, arrugando tanto la cara en su gesto de concentración que parecía exagerado— que no daba el terreno y se tuvo que hacer de esa manera.

Después agregó que casi no había registros de esa época (exactamente de los años 1913 y 1914).

Revisamos todos los diarios de ese período y sólo encontramos menciones con respecto a la evolución de las obras de la línea A.

Debemos aclarar que fuimos al Museo de la Ciudad de Buenos Aires, y no nos quisieron facilitar planos de la época, aduciendo que en la actualidad, "no se entrega ese tipo de material, con la finalidad de prevenir atentados". Una explicación insólita por cierto.

Intuitivamente, recorrimos los hoteles más antiguos de la zona, de ser posible, que coincidieran con la época de la última oleada inmigratoria, con la probabilidad de que alguno de estos trabajadores se hubiera hospedado allí.

Después de visitar casi todos los hoteles del barrio, pudimos hablar con la hija de la primera dueña del hotel familiar de Av. Rivadavia al 2400.

Esta vez, con la excusa de un trabajo sobre urbanismo y sociedad, la señora *Fermina S.*, de unos 70 años aproximadamente, nos relató lo siguiente:

—Mi madre me contaba con admiración lo de las obras de la línea A. Decía que, gracias a otros tanos como ella, este país iba a ser el mejor del mundo. Ya ven lo que quedó.

Le hablamos de la estación que no había podido concretarse. La cara de la mujer cambió rápidamente. Nos preguntó qué sabíamos al respecto. Le dijimos. Y ella, a su vez, respondió:

—Todos ocultaron, mintieron. Esos ingleses de mierda y el gobierno, cuándo no, lo taparon todo ¿y por qué?: porque los que murieron eran italianos. Si hubiera sido uno de los de ellos, te quiero ver —la señora Fermina estaba exaltada, y las venas del cuello se le hincharon visiblemente—. Veo que no saben nada.

"Lo cierto es que la excavación comenzó, pero, aunque el terreno no era muy firme y se desmoronaba, siguieron adelante. Uno de esos desprendimientos se llevó a los dos tanos. Entonces, trajeron un ingeniero de allá y armaron esas dos estaciones a medias para solucionar el problema. ¿Los nombres de los muertos? Mi madre cuando ya era muy vieja y con arteriosclerosis me contó la historia tantas veces que los nombres me los sé de memoria. Se llamaban Giuseppe y Leonardo.

De más está decir que no encontramos registros necrológicos de personas con esos nombres en las fechas de la construcción de la línea A. No resulta extraño. Teniendo en cuenta su carácter de inmigrantes, no es difícil pensar que nadie reclamaría nada o que no se hicieron muchos esfuerzos para asentar o aclarar el hecho.

Mientras tanto, si algunos de los lectores son creyentes, recen una plegaria por esas almas extraviadas; si no, sólo disfruten del viaje.

Nueva Pompeya

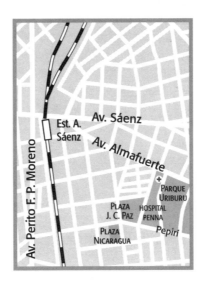

Nueva Pompey

Hemos citado ya el subgrupo mitológico "sorpresas repentinas" (véase "Meter el perro"). Es el turno ahora de
otro: el subgrupo conformado por los mitos de albergues
transitorios.

A medida que este grupo se nutría, fuimos dándonos
cuenta de que, debajo de los descoloridos empapelados de
flores, murmurando entre las melosas notas de la música
funcional, fluyendo entre la fragancia flotante de perfume
barato, nos aguardaban extraños relatos, rumores de sucesos increíbles.

La variedad era muy atrayente: historias de fantasmas,
asesinatos, ritos satánicos, voces; y además los casos se re-
partían en una gran cantidad de albergues.

El primer paso de nuestra investigación fue profundizar en cada una de estas historias. Esto nos permitió eliminar a las que presentaban contradicciones, a las poco claras
y a las que eran incomprobables. Entonces vimos que los
relatos que nos quedaban compartían más de una coincidencia: directa o indirectamente, todas parecían ser diferentes versiones de una misma leyenda.

Los invitamos a que lean la historia de *Ángela K.*, la cual elegimos por creerla la más convincente, la más sólida. No podemos dar el nombre del albergue al que fue Ángela con su actual esposo, hace siete años. Sólo diremos que está enclavado en el barrio de Nueva Pompeya.

Ángela nos recibió en su departamento de Flores, nos hizo pasar a la cocina y nos sentamos alrededor de una mesita, en la que había estado tomando mate. Mientras tiraba la yerba vieja nos ofreció café. En cuanto tuvimos delante las tazas humeantes, ella comenzó con su relato:

Nos había tocado la número 22. La habitación no tenía nada de raro, era como muchas otras en las que habíamos estado. Y bueno, nos desvestimos y empezamos a hacer lo que habíamos ido a hacer. Estábamos en la cama cuando Carlos me dijo si quería que prendiera la televisión. Yo le dije que sí. En esos lugares te salen más fácil los sí que los no. (Ángela dejó escapar una risita nerviosa. Luego tomó un lápiz de arriba de la mesa y se puso a hacer garabatos en una hoja de papel). *Así que bueno, Carlos agarró el control y prendió la tele. Era un canal común, de aire. Me acuerdo porque lo primero que apareció en la pantalla hizo que me matara de risa: estaban dando Brigada A. "Acá podrían llamarla Brigada ¡Ahh!", dijo Carlos y nos seguimos riendo. Después Carlos buscó el canal condicionado. Cuando lo encontró, estaban mostrando a un negro y a una rubia pechugona. Carlos dejó el control remoto y seguimos con lo nuestro. Hasta que sucedió.*

(Aquí Ángela le entregó más energía al trazado de sus garabatos, y el papel se rompió. Luego hizo un bollo con la hoja rota y la dejó en un costado junto con el lápiz. Continuó con su relato.)

No sé bien en qué momento hicieron el cambio de película,

porque la imagen era diferente, parecía más real. Como esa diferencia de imagen que tienen una película yanqui y una serie argentina. No tenía dudas, ésta era otra película... con otros protagonistas. Ahora la pantalla mostraba a un muchacho rubio y una chica morocha. Hacían el amor como locos; pero en eso no había nada de raro. Lo raro estaba en el lugar donde lo hacían. Estaban en una especie de caverna... y la pareja se revolcaba en un colchón de cadáveres.

(Ángela prendió un cigarrillo. Lo hizo de forma mecánica, sin ofrecernos a ninguno de nosotros. Parecía concentrada en su narración, sumergida en sus recuerdos.)

Todo el piso de la cueva estaba cubierto de cuerpos, y el rubio y la morocha no paraban de retorcerse sobre ellos. Dios, si hasta jugaban con los muertos, la piba les pasaba la lengua... Me acuerdo que le dije a Carlos que cambiara aquella porquería; él agarró el control y cambió a otro canal, y luego a otro, y a otro... pero no había caso, esa basura estaba en todos los canales. Y entonces pasó lo peor. (Aquí Ángela comenzó a temblar. Le pedimos que se calmara, que se tomase su tiempo para seguir con el relato. Pero ella apagó el cigarrillo a medio fumar, y continuó.) De repente la pareja en la televisión se quedó inmóvil, como si fueran dos cuerpos más en ese... mar de muertos. Sí, un mar de muertos, porque los cadáveres se movían de un lado a otro, despacito, como si flotaran en un líquido. Entonces el rubio y la morocha nos miraron. Miraron a la cámara, pero yo sé que nos miraban a nosotros. (Ángela prendió otro cigarrillo.) Carlos dice que él no escuchó nada, pero el rubio dijo mi nombre. Sí, no me miren así; les juro que el rubio de la televisión me señaló con el dedo, y me llamó por mi nombre.

(Aquí Ángela estuvo a punto de llorar. Repitió varias veces que Carlos no había escuchado nada, pero que ella juraba que el tipo de la película había pronunciado su nombre. Luego se tomó unos minutos para terminar el cigarrillo, y continuó.)

Grité como una loca. Carlos trató de tranquilizarme pero yo no podía parar. En un segundo nos vestimos y salimos de la habitación. Yo le seguí gritando al encargado del telo, pero el tipo revisó la programación y nos aseguró que en ningún canal estaban dando una película como la que acabábamos de describirle. Carlos lo insultó y nos fuimos.

La última pregunta que le hicimos a Ángela fue si ella conocía el mito con anterioridad. Nos dijo que una amiga le había contado la historia, y que ella se lo tomó a broma. Nunca pensó que el mito la encontraría.

Cuando terminamos la entrevista no pudimos hacer otra cosa más que dirigirnos al hotel alojamiento de Nueva Pompeya. Íbamos con la idea de que no seríamos bien recibidos, ningún comercio quiere que su clientela se vea espantada por una historia, sea real o ficticia. Pero sucedió todo lo contrario. "No saben la cantidad de parejitas que vienen por lo de la película de los muertos", nos aseguró el encargado, que resultó ser el hijo del dueño del albergue. De todas maneras, no quiso que diéramos el nombre del hotel ni la dirección exacta, "con el rumor nos alcanza", nos dijo. "Mi viejo no quiere que se nos dé vuelta la torta."

Luego de este inesperado recibimiento, el encargado nos comentó que toda aquella historia se había originado unos quince años antes, su padre recordaba la fecha exacta (era quien estaba a cargo en aquellos tiempos).

Mi viejo cuenta que aquella noche una pareja de aspecto normal pidió un turno y subió a la habitación. El muchacho era rubio y llevaba un estuche de guitarra. Ella era flaquita y morocha. No sé, pero yo siempre me la imagino como Morticia, la de los Locos Adams. Bueno, la cuestión fue que el turno se cumplió y mi viejo quiso avisarles por teléfono. Pero en la habitación no atendía nadie. Entonces subió y golpeó a la puerta. Como no obtuvo respuesta, miró por la cerradura. La llave no estaba puesta. Buscó la copia que tenía en el bolsillo y entró al cuarto. Estaban muertos. Al parecer era eso lo que habían ido a buscar: morir cogiendo. Mi viejo encontró a la pareja sobre la cama, unidos, y no solamente por lo que se imaginan, sino también por una espada que atravesaba los dos cuerpos.

Mi viejo opina que el pibe rubio la había escondido en el estuche de la guitarra. La policía aseguró que, al no encontrarse una tercera persona en la habitación, uno de los amantes había realizado aquella acción suicida y asesina. Casi con certeza, el pibe.

Y fue así que después de aquel día empezaron las quejas, la historia de la película con los cadáveres. Y también empezaron a llegar parejas buscando tener suerte y poder ver "el video de los muertos", creo que así le dicen. Buscan una experiencia diferente.

Mirá, yo no suelo tener miedo, pero lo único que me da "cosa" es que, a veces, algunos de los que se quejan describen a una pareja que los mira desde la televisión. Y la descripción suele coincidir con los dos chicos muertos hace quince años.

Mientras estuvimos en el lugar salieron solamente dos parejas, pero ninguna de ellas se quejó ni parecía asustada.

Gracias a contactos dentro de la policía, pudimos constatar la existencia de la macabra doble muerte que supuestamente había dado lugar a la leyenda urbana.

Según nuestras conclusiones, la historia del video maldito en el albergue, si bien derivó en otras tantas historias paralelas, no se trataría del primer eslabón de la cadena. Su origen puede rastrearse en los mitos clásicos de fantasmas y casas embrujadas. Porque al fin de cuentas es eso: un relato de fantasmas. Pero lo que llama la atención es el medio que utilizan los espectros para manifestarse, el cual tiene una sospechosa similitud con un mito relativamente nuevo, existente desde que se inventó la cinta de video. Este mito, ahora famoso gracias a la película *La llamada* (*The Ring*, 2002), afirma la existencia de un videocasete en el que se encuentran grabadas imágenes que matarán a quien las vea.

Por eso, hay que tener en cuenta la posibilidad de que la leyenda urbana del albergue de Nueva Pompeya haya nacido, quizás hace muchos años, como un cuento más de aparecidos, y que luego, en algún momento, haya incorporado el elemento del "video que mata", tomando así su forma definitiva.

En la última etapa de nuestra investigación anduvimos por las calles que rodean al albergue, y conversamos con los vecinos. Los más racionales aseguraban que todo era un invento de la familia dueña del hotel, que con tal de conseguir clientes hacían cualquier cosa:

Hugo F.: "Hace un par de años te filmaban en la habitación y después vendían el video. Lo hacen todo por la guita. No me extrañaría que hayan filmado semejante asquerosidad para hacerse propaganda".

Federico L.: "La gente se aburre e inventa pavadas. En el telo de acá, dos pibes se matan y dicen que ahora están en la tele. Hace unos días se mataron dos putos en un telo de Flores. El diario dice que fue por causas naturales, pero ya andan diciendo que los dos fiambres se te aparecen en los espejos del techo que tiene el hotel. Dejate de joder".

Otros, en cambio, confirman que el mito es real, que los fantasmas de aquella pareja muerta aún rondan por el hotel de Nueva Pompeya y se manifiestan en los televisores con aquellas imágenes aterradoras.

Celeste M.: "Hace unos años, conocí a una chica que estuvo allí. Ella contaba que vio el video y que el fantasma del chico le habló. La llamó por su nombre y le dijo que estaban esperándola, que querían revolcarse sobre ella. Y a los tres días murió".

Lamentablemente, Celeste les perdió el rastro a los familiares de esta muchacha. Ni siquiera recuerda su nombre.

¿Hasta dónde puede llegar un mito? Este último testimonio puede darnos una idea:

Nélida D.: "Y esto es sólo el comienzo. El video maldito se multiplicará. Comenzará invadiendo los televisores de todo el barrio, y luego los de toda la Capital, los de Argentina, los del mundo. Tarde o temprano, todos terminaremos flotando en aquella caverna. Flotando eternamente...".

El domingo 23 de junio de 1968, en el estadio de fútbol Antonio V. Liberti, más conocido como El Monumental del Club Atlético River Plate, ocurrió un hecho tan trágico como inexplicable.

Se jugaba el superclásico del fútbol argentino, es decir, un River-Boca. El partido en sí se había desarrollado sin ningún tipo de incidentes. En realidad, era un superclásico atípico. Las emociones no llegaban y los 90.000 espectadores (eran otros tiempos) estaban por irse desilusionados por aquel triste empate.

Varios espectadores comenzaron a retirarse unos minutos antes de finalizar el encuentro por el sector de populares, más precisamente por la Puerta 12. Pero, en un hecho que muchos tildaron de insólito, la gente se vio impedida de salir. Al terminar el partido, los que ya estaban en la puerta fueron alcanzados por los que recién bajaban. Así, se produjo una avalancha mortal que terminó aplastando entre 60 y 70 hinchas.

Los testimonios de la época son contradictorios. Algunos testigos sostenían que "las puertas no se abrieron"; otros, que los molinetes de la entrada "trabaron la salida de la gente", y unos cuantos más, que directamente no había ningún tipo de obstáculo. Lo cierto es que (como se puede ver claramente en fotos de la tragedia) la situación fue de horror puro. Padres con sus hijos, gente mayor y la composición que podemos imaginar a merced de esa marea humana letal. Aún después de que los cuerpos fueron retirados, permanecieron desperdigados en el lugar pequeños objetos, mudos testigos de la tragedia: abrigos, pañuelos, zapatos, gorras...

Es allí donde empieza nuestro mito.

Se dice que todos o casi todos los años sucedes cosas extrañas en la cancha de River y sus adyacencias, sobre todo, en cada aniversario de la tragedia. Tanto que (aunque ninguna de las autoridades del club lo confirmó) en varias ocasiones se trajeron sacerdotes para que estas "manifestaciones" terminaran.

Esta versión fue confirmada por un barrabrava de River, *Miguel G.*, más conocido como "El Pochi":

—Sí, trajimos un curita, el padre Federico, un muchacho muy joven, porque los curas viejos no te dan bola. Bendijo hasta los vestuarios, mirá. Y bueno, un poco aflojó el asunto. Eso sí, te quiero aclarar una cosa: no importa si los muertos eran bosteros o no. Con los difuntos no se jode.

Más pistas: se comenta que hace algunos años, cierta persona "habitué" del club encontró un gorrito embarrado que lucía la inscripción de un nombre: Benedictino. Después de lavarlo, notó que el diseño era bastante antiguo. Las letras del nombre parecían como bordadas. Pero no. Estaban escritas con un líquido muy penetrante (¿sangre tal vez?). Esta persona lo guardó en unos de los armarios reservados para empleados, pero al cabo de un tiempo el gorrito desapareció.

Este suceso disparó una serie de rumores. El más fuerte de ellos aseguraba que el gorro había sido dejado por el fantasma de unas de las víctimas del día fatal.

Por nuestra parte pudimos corroborar varias inscripciones en las paredes del pasillo que conduce a la Puerta 12 (ahora Puerta M), algunas de las menos nítidas (y quizá más antiguas) podrían pasar por un "Benedictino" escrito a las apuradas.

Lo concreto es que efectivamente un tal *Benedictino G.* existió. Está documentado en los diarios de la época (diario *La Nación* del día posterior a la tragedia). Su nombre aparece en la nómina de fallecidos. Tenía 15 años.

—River es un club muy grande —nos dijo un empleado de la institución—, grande de verdad, y se dicen demasiadas cosas.

Pero cuando le nombramos a Benedictino, se puso serio y habló en voz baja.

—¿Quién les dijo eso?

Le explicamos que se trataba de una historia que nos había llegado vía mail. También le aseguramos que no había nada contra el club.

—Es en el barrio de Núñez la investigación, ¿no? —preguntó el empleado—. ¿Por qué no preguntan acá enfrente, en el Tiro Federal? Esos sí que tienen historias.

Y era verdad.

Para ingresar al Tiro Federal tuvimos que recurrir a un amigo nuestro que está asociado. Él mismo conocía varias historias. Aun así, nos recomendó hablar con don Martín, un anciano que conocía el club como la palma de su mano.

Lo encontramos tomando café al lado de una máquina expendedora. El hombre, toda una institución, nos relató una serie incontable de anécdotas. Pero preferimos indagar sobre el mito de la Puerta 12.

—El zapato embarrado, seguro que les contaron ésa —afirmó el desdentado don Martín—. Todos los años aparece, en cualquier parte del Monumental, un zapato con barro, siempre uno solo. Después lo guardan, pero siempre se hace humo. Algunos dicen que es un gorrito, pero yo le pongo todos los porotos a la versión del zapato.

Hay una historia también, un "suceso barrial" que nos pareció útil llevar a ustedes. Es el siguiente:

Se dice que en la década de los setenta funcionaba un restaurante sobre la avenida Figueroa Alcorta, donde tenían una extraña costumbre: cada 23 de junio si un cliente pedía té o café, recibía como respuesta un "sepa disculparnos, pero hoy no se sirven infusiones". La razón de esta extraña actitud habría que buscarla en aquel 23 de junio, cuando alguien pidió un té y le vino muy oscuro (a pesar de que lo había pedido con limón). El color podía pasar, pero el gusto era muy raro, dulce, aunque el comensal estaba seguro de que no le había puesto azúcar. La misma escena se repitió en otra mesa. El color del té era escandalosamente rojizo. Por si fuera poco, un señor que tomaba café se encontró con pedazos de barro en el fondo.

Ese día, la confitería tuvo que permanecer cerrada.

Los dueños, fanáticos del club millonario, ataron cabos y concluyeron que todo aquello estaba relacionado con la tragedia de la Puerta 12. Y, por lo tanto, decidieron no arriesgarse más.

Si aceptamos que estos sucesos realmente ocurrieron pueden barajarse ciertas explicaciones lógicas, como que aquel día el lavacopas no estuvo muy inspirado para hacer su trabajo, o quizá la partida de infusiones que se utilizó estaba en mal estado.

La investigación no se cerraría adecuadamente si no incluyéramos el testimonio de uno de los actores que animan ese deporte de conjunto que es el fútbol: *Abdul G.*, un muchacho que juega en las inferiores de River Plate. Abdul es parte del barrio. Nació a unas cuadras del Monumental y creció allí también.

"Venía escuchando lo de la maldición de la Puerta 12 de muy pibe. Los vecinos decían cosas, que escuchaba inclusive de mi propio viejo. Entre todos me habían hecho tanto la cabeza que apenas empecé a ir al club pregunté por esa historieta. Ahí todos se hacían los boludos. Pero seguí insistiendo cuando me metí en las inferiores. 'Vos sólo juga, nene', me cortó un día mi entrenador. Y no hay nada peor para un chaboncito como yo que le oculten la verdad. Me puse más hinchabolas. Al final, de tanto romper me fui enterando... Por ejemplo, que esos bosteros que murieron en la Puerta 12 nos habían maldecido la cancha, ¿por qué se creen sino que recién ganamos el campeonato en el '75? O la historia de los zapatos embarrados, lo del gorrito. Igual, tenía un quilombo en la cabeza que ni les cuento, no sabía si creer en todas esas historias de fantasmas o no. Hasta que me pasó algo a mí:

eso fue el año pasado y, cada vez que me acuerdo, se me pone la piel de gallina. Resulta que teníamos entrenamiento esa tarde y uno de mis compañeros me pidió que llevara un vela. Pero no cualquiera, debía ser blanca. Me pareció raro, pero pensé que sería algún tipo de cábala para darnos suerte. Para hacerla corta, a eso de las ocho de la noche y con un frío bárbaro llevamos nuestras velas directamente a la famosa puerta. Las prendimos y nos sentamos en las escalinatas '¿Y ahora qué hacemos?', pregunté. Nadie me contestó. Lo que puedo decir es que de pronto sentí una corriente de aire helado en la nuca, como si me pasaran un montón de cubitos de hielo. Después de eso, uno de los chabones, un pibe que se llama *Silvio A.* y que juega de tres, puso una cara muy rara y empezó a decir cosas como en otro idioma y con una voz gruesa, de viejo. Lo único que llegué a entender es que preguntó dónde estaba el hijo. Yo ya me quería ir rajando. Entonces, apareció de entre el grupo un tipo vestido de blanco, que hasta ese momento yo no había visto. Levantó la vela y le dijo al fantasma ese que su hijo estaba muerto igual que él, y que debía irse, que debía irse de una vez por todas. La respuesta del viejo fue lo más zarpado que oí en mi vida. Fue un ¡NO! que sonó como en medio de un vómito. Entonces, todas las velas se apagaron al mismo tiempo, o eso creo, porque del pique que metí en dos segundos ya estaba fuera del estadio.

Días después, me dijeron que las noches del 23 de junio se hace eso para ir avivando a los fantasmas y que se vayan de ahí. Y que esto se hace con las divisiones inferiores porque nosotros, los pendejos, tenemos más energía para sacarlos. Lo que les cuento es la pura verdad, pero todos van a negarlo. ¿Quién va a creer una cosa así? A mí, si no me hubiera pasado, tampoco lo habría creído. Seguro que no."

Cerraremos entonces esta puerta por ahora, pero el misterio sigue abierto.

PARTE III
Voces misteriosas

San Telmo

Todas las ciudades importantes, y Buenos Aires es una de ellas, tienen un pasado arqueológico de riqueza variada. Con más de 400 años, Buenos Aires recién adquirió un cierto relieve como metrópoli a partir de la década de 1870. Hasta ese entonces, era conocida como la "Gran Aldea", un poblado de cierto interés estratégico pero totalmente desorganizado —como el resto del país, cabe decir—, sin planificación concreta.

Si vemos los reportes de extranjeros que visitaban "la Gran Aldea", todos eran comentarios desfavorables: pocas comodidades para el visitante, casas sumamente húmedas, mínima planificación urbana, calles intransitables, escasa higiene. Incluso decían que la sangre vertida por los matarifes, muy cercanos a la ciudad, traía infinidad de enfermedades, y la gente, en los días lluviosos, estaba obligada a recorrer las calles atravesando ríos sangrientos.

A partir de las últimas tres décadas del siglo XIX, entonces, el panorama cambia drásticamente y el desarrollo urbano es muy veloz. La relativa estabilidad política permite una mejor perspectiva económica. Además, Buenos Aires multiplica su población con el proceso inmigratorio que aporta mano de obra extra.

Como consecuencia de ese período de crecimiento, que se mantiene con una intensidad asombrosa hasta bien entrado el siglo xx, la ciudad devora costumbres, grupos étnicos, estilos arquitectónicos, y se reinventa varias veces sepultando a su paso algunos misterios centenarios. Precisamente, el que queremos abordar ahora es el misterio de la Gruta, o el pozo, como se lo conoció después. Un mito urbano muy antiguo pero no tan popular.

La tradición cuenta que los indios quilmes, habitantes naturales de Buenos Aires y alrededores a la llegada de los españoles, ya mencionaban un lugar adonde iban a parar los que no tenían alma y sí algún enemigo ocasional. Ellos lo llamaban "Guruc"; con las deformaciones lingüísticas se convirtió en "Gruta", a pesar de que se trata de una depresión en el terreno. Posiblemente, el nombre Guruc se debiera a un efecto acústico, el de un objeto o persona al caer.

Nuestra investigación no consigna que haya crónicas al respecto hasta el siglo xix, cuando se construyen y reconstruyen varios edificios, entre ellos, el Colegio Nacional de Buenos Aires. Durante el siglo xx la pequeña historia de la gruta devenida pozo fue dejada de lado... hasta hace muy poco.

Los rumores de acontecimientos extraños se dieron desde las primeras excavaciones modernas en el barrio de San Telmo, en la época de la última dictadura militar. Fueron llevadas a cabo en forma desprolija; en consecuencia, se perdió gran parte del material de valor histórico. Esto es muy notorio, por ejemplo, en las excavaciones de la Aduana Taylor, es decir, la antigua aduana de Buenos Aires que llegaba hasta la casa de gobierno.

En años posteriores se encararon las labores en forma más planificada y los trabajos se extendieron hacia otros edificios. También se extendieron los rumores. Éstos hablaban de extraños sonidos en las profundidades, hasta de pequeños temblores, muy raros para un tipo de suelo de meseta.

Acerca de estas cuestiones, hablamos con una autoridad en arqueología urbana, *Daniel H.*, quien nos dijo:

—Un disparate, liso y llano. No tiene asidero desde ningún punto de vista, ni siquiera desde el geológico. Ni por asomo estamos en una zona sísmica. Por otro lado, un pozo... mejor dicho, una depresión que tuviera una profundidad indeterminada...

—Pero, ¿cabría la posibilidad "geológica" de que la hubiera? —preguntamos.

—Creo que a ustedes les gustó mucho Verne. Sobre todo *Viaje al centro de la Tierra*.

—¿Es posible? —insistimos.

—Nada es imposible para la naturaleza, pero carece de sentido por lo que les dije anteriormente.

—Si lo aplicamos a valores racionales...

El arqueólogo se acomodó los pequeños lentes y se repasó el pelo enrulado con una mano. Después, sacó del cajón de su escritorio una bolsita que contenía lo que parecía ser una taza.

—¿Ven esto? Este objeto, en este caso un pocillo de cerámica, lo encontramos en una excavación de una casa en la calle Humberto I. Así como ésta, encontramos otros objetos. Con esos pequeños datos reconstruimos toda una época. Es un trabajo metódico, pero para los que estamos en esto es sumamente gratificante. Por supuesto, no tiene nada que ver con la imagen del arqueólogo-héroe estilo Indiana Jones. No buscamos el arca perdida de la Alianza y menos un agujero, ¿qué dice este mito? ¿Que hay un portal directo hacia el...?, por favor, seamos adultos.

—Pero tenemos entendido que en la excavación de los túneles, en el lugar que ahora ocupa un restaurante tradicional de San Telmo, encontraron una figura utilizada en los ritos vudú.

—Eso no tiene nada de extraño. Hace un siglo todavía había bastante gente que descendía de africanos o brasileños.

—Justo en la zona en la que se encontraría el pozo.

El arqueólogo miró su reloj, nos dijo que no podía perder más tiempo y nos despidió deseándonos suerte.

La siguiente etapa de la investigación fue tediosa, pero dio resultados. Pudimos ubicar a un obrero calificado que había trabajado en varias excavaciones, la de la Aduana Taylor inclusive.

—Después de lo que pasé la última vez —nos dijo, enérgico, *Pedro C.*— me fui a la mierda. Por suerte pude conseguir otra cosa, igual, yo creo que me cagaría de hambre antes de agarrar otro laburo como ése.

Caminamos con Pedro por la plaza Colón hasta llegar al lugar en donde se desenterró parte de la vieja aduana.

—Éste fue el primer laburo de excavación en el que estuve. A los pocos días, o mejor dicho a las pocas noches, empezaron a pasar cosas raras.

—¿Qué cosas?

—Las voces, como gente quejándose, pero mucha gente quejándose. Al principio, pensamos que era una especie de corriente de aire, no sé.

Pedro llegó hasta una baranda que delimita el perímetro de la excavación y ahí se detuvo.

—Ese tramo es una pequeña parte de la remodelación. La mayor parte se tapó con escombros porque la cosa estaba pesada con el país y se cortó la guita. Hubo varios muchachos que rajaron, me acuerdo. Yo tenía pibes chiquitos por eso no me podía hacer el loco. Las noches eran lo peor. A veces hacía doble turno. De día tenía máquinas pesadas y a la noche le daba con pala. Me acuerdo que estábamos a las órdenes de un pibe muy joven. Alguien le contó sobre las voces y él explicó, todo académico, que podían ser cursos de agua subterráneos. "Sí, claro, venga por acá", le dijimos. El pibe se puso tan pálido al escuchar las voces que pensamos que se había muerto. Esa sección fue una de las que se rellenó con más escombros.

Subimos la explanada de la casa de gobierno hacia la Plaza de Mayo. Notamos que Pedro estaba tenso, los puños cerrados, el rostro duro. Le preguntamos si se sentía bien.

—No, la verdad es que recordar todo esto me pone la piel de gallina. ¿Y saben por qué se los cuento? Para que alguien se ocupe del tema, ahí abajo pasa algo muy raro que no es de este mundo.

Le contamos la opinión de *Daniel H.*

—Daniel sabe muy bien lo que pasa, les digo más: lo que les voy a contar ahora él también lo sabe. Fue en una de las excavaciones que dirigió. Supongo que no dice nada porque no tiene pruebas y tiraría su carrera al carajo. Igual, el tipo es un señor. Que eso quede bien claro.

Nos sentamos en uno de los bancos de Plaza de Mayo. Pedro temblaba visiblemente pero continuó el relato:

—Ruidos horribles, calor, una sensación de vómitos. Era como morirse un poco y todos estabamos lentos. Espero no escuchar nunca más algo así, por Dios. Me acuerdo de una oportunidad en que Daniel llevaba un grabador pero no se grabó un soto. Esas voces te llenaban el bocho y se quedaban ahí.

Dejamos atrás a un alterado Pedro y dirigimos la búsqueda hacia otro ángulo: el Departamento de Extensión Cultural del Colegio Nacional de Buenos Aires. Un gentil *Carlos D.* nos proporcionó una variada información. Como sabíamos que no podíamos abordar el tema del pozo directamente, elegimos el de las excavaciones de la red de túneles y nos encontramos con varias sorpresas:

—Este laberinto de túneles se ha construido en diferentes épocas y, como sabrán, se siguen descubriendo a medida que se hacen nuevos relevamientos. También hay muchos otros que fueron tapados de acuerdo con el crecimiento fabuloso que dominó la ciudad entre finales del siglo XIX y bien entrado el XX. ¿Cuál es su utilidad? Sabemos que en algunos casos en ellos se ocultaba gente por razones políticas. Probablemente, los túneles que pasan por acá abajo hayan tenido esa función primaria. También se habla de contrabando. Hay una teoría más interesante, que en los últimos años está empezando a correr con fuerza, que remite a las sociedades secretas, las logias masónicas. Quiero aclarar que las masonerías no perseguían fines ocultistas o, por lo menos, la inmensa mayoría se reunían con una noble intención.

En ese momento, le preguntamos sobre el mito en cuestión.

—Algunos dicen que en un punto determinado de San Telmo existe un pozo de una profundidad tal que es imposible medirlo, y no sólo eso sino que ese pozo da a...

En este punto, *Carlos D.,* interrumpió el relato. Nos reímos incómodos mientras él se acomodaba el pintoresco moñito azul y continuó:

—...al Infierno, que se manifestaría en el centro de la Tierra. Otros sostienen la idea de que ese pozo sería un especie de portal, desde el que ascienden los lamentos de los condenados.

Entonces lo pusimos al tanto de nuestras averiguaciones, y él contestó:

—Hay muchas explicaciones racionales del asunto. Con respecto a las impresiones sensoriales del señor que entrevistaron, no es muy difícil deducir que las condiciones de trabajo en un estrecho espacio con deficiente ventilación, puede hacer estragos en cualquier persona: espejismos, ecos extraños y demás cuestiones.

"Con respecto al arqueólogo, respaldo su postura. Yo ya tenía noticias de este objeto vudú, pero no me parece nada extraño. Pensaría que era una forma, tal vez romántica, que tenían los negros de conjurar a los blancos. Evidentemente no resultó, porque fueron exterminados, pero ése es otro tema. En relación con los quilmes, lo que les puedo decir no es más de lo que ustedes averiguaron. Nosotros tenemos un par de libros en la biblioteca del Colegio que acreditarían lo de la transformación de "Guruc" en "Gruta". En su momento, consulté con geólogos. No destacan ninguna depresión sospechosa por la zona...

A pesar de sus afirmaciones, veíamos inquieto al señor *Carlos D.* Preguntamos varias veces si no tenía alguna otra información. Nos miró fijamente, después sacó una pequeña pipa del saco y de un bolsillo extrajo algo. Era tabaco. Nos quedamos en silencio esperando. Intentó varias veces hasta que finalmente la pipa se prendió. De entre el humo de esa chimenea en miniatura abrió la boca, después se quedó pensativo y finalmente se decidió:

—Hay algo más, claro, siempre hay algo. Cuando uno investiga un poco, una cosa lleva a la otra y se entra en un laberinto referencial, todo tiene que ver con todo. Les mencioné lo de las logias masónicas. Y dije que "la mayoría" seguían siendo inofensivas desde el punto de vista, digamos, esotérico. Bien, tengo referencias de una que se metió en temas sumamente oscuros.

"¿Recuerdan La Mazorca de Juan Manuel de Rosas? ¿"Mueran los salvajes unitarios" y demás consignas para eliminar a la competencia? Siempre me interesó el tema. Una vez, leí una entrevista a uno de los verdugos, es decir a un mazorquero. Don Alves, se llamaba. Era un hombre centenario en ese entonces, allá por el 1900. Aclaro que esta nota estaba en una revista de historia muy posterior, por el '53, al cumplirse cien años de la caída del Restaurador de las Leyes. Ese personaje me atrajo. Me impresionó leer que para no perder la práctica cada tanto "se bajaba un perro o gato de la zona", cortándole la cabeza de un solo tajo. Temible.

Para sintetizar, en un momento de la entrevista comentó un episodio que me llamó la atención: la rebelión del capitán Mendoza Fuentes. Aparentemente, Rosas le tenía mucha estima y aquél traicionó su confianza. Bien, el mazorquero, siguiendo las órdenes del Restaurador, decapitó al traidor, pero ahí no terminó la cuestión. Debía trasladar el cuerpo a un lugar... túneles, pasadizos. Lo llevó en una bolsa. Don Alves, tipo muy curtido, admitió que le daba un poco de miedo. Llegó a un túnel amplio iluminado con antorchas y ahí vio gente con túnicas negras, encapuchada. Dejó la bolsa. Todos hablaban un extraño dialecto. De pronto, desde el suelo don Alves vio formarse una hendidura y sintió calor, mucho calor. Se quería ir, pero su sentido del deber lo mantenía en su firme lugar. Cuando el calor se hizo insoportable, alguien le tapó lo ojos. Lo obligaron a cargar la bolsa y caminar hacia el frente, hacia el calor. Don Alves se detuvo, no por esa sensación sino por los gritos, gritos como nunca escuchó jamás, que salían de esa hendidura espesa y abrasadora. Por fin, alguien le dijo en criollo que tirara la bolsa. Don Alves asegura que no escuchó el golpe en el fondo. De pronto, todas las "manifestaciones cesaron".

El señor *Carlos D.* parecía transformado. Los ojos enrojecidos dentro del humo de la pipa, lo que le daba un aspecto inquietante. Al ver nuestras caras, se disculpó por su emoción y minimizó la anécdota agregando que podían ser sólo dichos de un viejo, refiriéndose al verdugo.

Le agradecimos y nos fuimos más confundidos que antes.

Tiempo después, encontramos en un sitio de internet una leyenda urbana muy similar a la del pozo. Ésta ocurría en un lugar ya de por sí inquietante: Siberia. Varios científicos de la Universidad de Kiev analizaban un terreno para buscar, aparentemente, pozos petrolíferos. Se trataba de una investigación que se hacía para el Estado, por lo cual dedujimos que habría ocurrido unos cuantos años atrás.

La expedición estaba a cargo de un tal profesor Strugavaski. Hallaron el pozo en cuestión y no podían medir la profundidad. Los elementos arrojados en su interior no encontraban eco. Pero eso no era lo peor. Captaban otra cosa. Al principio, pensaron que eran emisiones de radio producidas por alguna fuente natural. Después se dieron cuenta de que lo que escuchaban eran... voces. Voces humanas sufriendo lo indecible en ese "pozo que comunicaba al Infierno". Los científicos, menos Strugavaski y un par de colaboradores, abandonaron la expedición. No se sabe qué pasó con ellos. La noticia apareció en el principal diario oficial, *Pravda*, y contiene muchas contradicciones, como ocurre con todas las leyendas.

La nuestra no viene a cambiar las cosas.

Recoleta

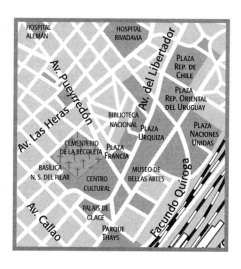

El cuadro parlante

La siguiente es la versión que más ha trascendido de una llamativa fábula barrial:

Cierto día se cerró una exposición de arte, más específicamente de obras inéditas de jóvenes pintores, en el Centro Cultural Recoleta (otras fuentes aseguran que fue en el Museo de Bellas Artes), y los artistas, como se había convenido, retiraron sus obras personalmente. Así, todos los cuadros fueron reclamados... menos uno. El Centro lo mantuvo expuesto durante un determinado tiempo (algunos dicen que aún puede distinguirse una débil marca en la pared donde permaneció colgado), pero, al no tener noticias del autor de la obra, fue finalmente envuelto en papel y abandonado en algún sótano. Así permaneció (se suele hablar de un período de varios años) hasta que alguien descubrió la olvidada pintura. En qué circunstancias fue encontrada conforma un relato aparte, pero vale la pena citar un resumen del relato, ya que hace mención, por primera vez, de las "especiales" facultades del lienzo en cuestión.

Se dice que uno de los empleados encargados de la limpieza del Centro Cultural escuchó lo que parecía ser la voz de una niña, proveniente de uno de los sótanos. Temiendo que la hija de algún visitante se hubiera perdido por aquellos subsuelos, el empleado descendió, linterna en mano, y trató de localizar a la criatura. Al escuchar nuevamente aquella vocecita, decidió que estaba metida en uno de los sótanos de archivo. Hacia allí fue... pero en aquel lugar tampoco había nadie.

Sin embargo, el empleado escuchó otra vez a la niña, y un escalofrío le subió por la espalda. La voz salía de una caja. El hombre la inspeccionó. No había nadie vivo en su interior. Sólo un paquete, algo rectangular envuelto en papel. El hombre lo abrió. Era un cuadro. Una pintura. Decidió que era muy bonita para continuar en aquella caja. Y entonces subió con su hallazgo bajo el brazo. Cuando volvió a bajar para continuar con la búsqueda de la niña, todo fue en vano. La niña perdida no se manifestó nunca más.

Aunque no existe en la fábula pasaje alguno en el que se afirme que la voz provenía de la obra de arte, podemos tomar este cuento como la primera sugerencia de que estamos ante un cuadro con la facultad de emitir sonidos similares a la voz humana.

Bien, sea ésta la manera en que el cuadro fue rescatado de su oscuro nicho o no, la versión del mito que estábamos siguiendo asegura que las autoridades del Centro Cultural decidieron exponerlo en algún lugar público, donde la gente que transitara pudiera apreciarlo. De este modo, la obra redescubierta terminó colgada en uno de los corredores del vecino shopping Buenos Aires Design. (Ambos complejos, el shopping y el Centro Cultural, se ubican en el mismo espacio verde, la plaza Intendente Alvear.) Y allí, la pintura comenzó a echar fama, a alimentar el mito del cuadro que habla. Hasta que un día desapareció misteriosamente (la teoría de que fue robado es la más aceptada), y ya nadie volvió a verlo. Y el mito creció aún más.

Sin embargo, a pesar de esta creciente aceptación, la gente no parece ponerse de acuerdo a la hora de especificar qué "decía" la pintura a las personas que pasaban cerca de ella:

Nicolás P.: "Yo trabajaba en Wendy's, acá en el shopping, hace como unos seis años. Era común escuchar decir a la gente que el cuadro le hablaba. La mayoría decía, si mal no recuerdo, que uno de los personajes de la pintura simplemente los había saludado".

Rubén W.: "El cuadro sólo decía fechas, así me contaron. Si pasabas por al lado y el tipo del dibujo te decía una fecha, entonces en esa fecha te iba a pasar algo importante. O te casabas, o te ganabas la lotería, o te morías".

Raúl F.: "Ese cuadro era un hijo de mil putas. A los tipos los puteaba o los escupía, a las minas les decía piropos o les chiflaba. Al Bichi, un amigo mío, le dejó un lindo gargajo chorreando en el cachete. Después los de seguridad lo tuvieron que sacar al Bichi cuando quiso hacer mierda el cuadro a trompadas. A mí esa pinturita me dijo 'boludo' bien clarito. Rápido, pero clarito. De eso estoy seguro".

En cambio, encontramos cierta coincidencia en los testimonios con respecto al dibujo que aparecía en el lienzo:

Mónica S.: "Era el cuadro de un hombre y un árbol. Había algo de siniestro en el dibujo, pero no recuerdo qué era".

Carlos. C.: "La voz parecía salir del tipo dibujado. El tipo, completamente desnudo, descansaba apoyado en el tronco de un árbol".

Florencia E.: "Había un hombre durmiendo, pero era la pintura medio abstracta, parecía un Dalí. Si era un Dalí, era una copia, seguro. No van a poner un Dalí en un shopping".

Florencia no fue la única que sugirió el nombre de un autor (aunque su opinión no se correspondería con la versión de que el cuadro proviene de una exposición de obras inéditas de jóvenes pintores); tenemos también el testimonio de alguien que no sólo nombró un posible creador, sino que describió el dibujo con bastante detalle:

Martín V.: "El dibujo mostraba a un joven seduciendo a una muchacha. Los dos estaban sentados en el césped. Y detrás de ellos había ovejas. No me acuerdo muy bien el nombre del pintor, pero creo que era algo así como Waldis o Caldis".

Ahora bien, lo que prometía ser un testimonio jugoso, por la cantidad de datos y por cierta certeza del interlocutor, acabó, a nuestro parecer, en una simple confusión. Luego de investigar los elementos mencionados por Martín, hallamos una novela con el enigmático título de *Informe sobre Probabilidad A (Report on Probability A)*, cuya trama gira en torno a una pintura que encaja perfectamente con la descripción dada por el entrevistado. Y no sólo eso: el autor de la novela es Brian W. Aldiss, a quien la confusión lo podría transformar, sin mucha demora, en el señor Waldis o Caldis.

Este testimonio en nada colaboró a la investigación del mito del cuadro que habla, pero sí nos permitió "palpar" la entropía inherente a los individuos, esas confusiones que pueden iniciar una cadena de más confusiones, para terminar creando otra versión del mito original; o llegar, inclusive, a construir una leyenda totalmente nueva: Caldis podría convertirse en el nombre que toma el mismo Satán para firmar una serie de cuadros diabólicos que no son otra cosa que entradas al Infierno.

Pero volvamos a la Recoleta. Existe una especie de cordón umbilical que une el Buenos Aires Design con el Centro Cultural: una improvisada feria esotérica (activa en su totalidad los fines de semana), en donde uno puede toparse con los astrólogos y videntes más dispares: algunos totalmente producidos, con sotanas multicolores, anillos gigantescos y turbantes con brillantina; y otros sin adorno alguno, adivinos de jean y camisa, con un mazo de cartas en la mano.

Por su especial ubicación, nos introdujimos en esta fauna de gurúes urbanos, y obtuvimos, entre otros, los siguientes testimonios:

Zorobabel (vidente-experto en energías corporales): "Los dedos de la mano me sobran para señalar los temas de los que decido no hablar. Y el cuadro aquel es uno de ellos. Sólo diré que esa obra no es de este planeta. Nada más".

Fabio F. (tarotista-adivino): "El dibujo en aquel cuadro estaba vivo. Había tomado conciencia de sí mismo, pero no sabía cómo escapar del lienzo. Gritaba, como un preso que supiera que su celda no se abriría jamás".

En una de los extremos de esta feria-oráculo, encontramos al siguiente personaje, que nada tiene que ver con el mundo de las mancias:

Miguel T. (estatua viviente): "No hace mucho que trabajo acá, pero cuando empecé venía siempre un viejito, todos los días, me tiraba unas monedas y miraba muy atentamente el movimiento que me había 'comprado'. Yo ya me había convencido de que era un viejo puto, cuando, el último día que lo vi, me miró moverme como siempre y luego me dijo 'sos igualito al muchacho del cuadro'. Y se fue".

Vemos así que el mito no sólo se refugia en el shopping o en el Centro Cultural, sino que invade los alrededores, y más cuando en esos alrededores los dones extraordinarios y las artes milagrosas son moneda corriente.

Rastreemos ahora el posible origen de nuestro mito.

Son muchas las historias de "voces que están donde no deben estar": desde la serpiente bíblica que habla con Adán y Eva (relato que hoy se supone muy primitivo, perteneciente, tal vez, a los denominados "mitos de la naturaleza"), hasta los miles de testimonios de gente que escucha voces de seres muertos, y también la multitud de fieles que afirman haber oído hablar, entre lágrimas de sangre, a figuras religiosas, a los santos de su fe.

A estos fenómenos se los conoce como "psicofonías", palabra que deriva del griego *psyqué* (alma) y *phonos* (sonido). Las supuestas psicofonías han dado pie al nacimiento de una gran cantidad de teorías pseudocientíficas, como la que asegura la existencia de un planeta llamado Marduk, también conocido como el planeta de los muertos, que sería la primera parada en nuestro viaje post mortem; o el denominado "principio de impregnación ambiental", que sostiene que todo lo que decimos en este mundo queda registrado en un "campo" o dimensión que la ciencia aún no ha podido localizar. Podemos percibir un eco de estas ideas en los testimonios que obtuvimos en la feria esotérica.

Hurgando entre toda esta maleza de tradiciones, mitos y pseudociencia, sólo hallamos un único precedente documentado relativo a un cuadro, a una pintura parlante. Se dice que, en 1976, un sacerdote llamado Edvard Trondheim afirmó haber hablado de la cercanía del fin del mundo con la serpiente que aparece en la pintura *Laocoonte*, de El Greco. El cuadro se hallaba, según la crónica, en una iglesia de Bergen, Noruega. Y se asegura que el sacerdote gozaba de una excelente salud mental antes, durante y después de aquel milagro.

¿Estaría nuestro cuadro del Buenos Aires Design, como la víbora de Bergen, tratando de dar un aviso del Apocalipsis?

En contraposición a esta posibilidad podemos comentar que las revelaciones de esta índole suelen ser experimentadas por una única persona, un "iluminado", como Trondheim, el sacerdote del relato noruego, y no por cualquier persona que se encuentre caminando en un shopping.

¿Se trataría nuestra pintura, entonces, según el "principio de impregnación ambiental", de una ventana hacia aquella dimensión no develada aún, una ventana de la cual escaparían, de vez en cuando, algunas de aquellas palabras eternamente grabadas? Quizá.

Sin embargo, también nos encontramos con dos explicaciones que dan una respuesta sin acudir al universo de lo sobrenatural.

La primera se apoya en el testimonio de numerosos testigos que, palabras más, palabras menos, repitieron lo siguiente: "Dicen que el cuadro tapaba un agujero que los mismos empleados de limpieza del shopping habían hecho en la mampostería. Los tipos se metían por unos pasadizos, que sólo ellos conocían, y así llegaban del otro lado de la pared, justo detrás de donde colgaba la pintura. Entonces hablaban por el agujero y parecía que la voz salía del cuadro".

Esta versión de los empleados bromistas concuerda con otros testimonios que, como el de *Raúl F.* citado al comienzo, sostienen que el cuadro insultaba a los hombres y piropeaba a las mujeres.

Incluso, podemos agregar que hay un punto de contacto con la fábula barrial de cómo el cuadro fue rescatado de su abandono. ¿Recuerdan quién lo encontró en un oscuro sótano? Sí, un empleado de limpieza.

¿Será posible, entonces, que los empleados, ante los rumores que amenazaban con arruinarles la diversión del agujerito, echaran a correr la historia del descubrimiento del cuadro, no sólo para reforzar la creencia de que aquellas voces que salían del lienzo eran sobrenaturales, sino para evitar cualquier sospecha al transformar en héroe solidario a uno de sus colegas? Aun así, quedaría pendiente la siguiente cuestión: ¿qué clase de entes sobrenaturales harían uso del cuadro con el fin de insultar o lanzar piropos a los transeúntes? Según quien sintonizara, algunas veces podría tratarse de demonios juguetones y otras de querubines que valoraban la belleza humana.

Cuando intentamos hablar con el personal de maestranza del Buenos Aires Design nos encontramos con un rechazo unánime. Uno de ellos nos lo dejó bien en claro:

—Déjense de joder con esa mierda. Ya tuvimos bastantes problemas con el invento ese del cuadrito. ¿No saben lo jodido que es mantener un laburo?

Esta negativa confirma, por lo menos, que las sospechas existieron. Si éstas eran infundadas o no, aún no lo sabemos.

Ahora bien, dijimos que teníamos *dos* explicaciones "antivocesdelmasallá".

La segunda también se basa en una serie de testimonios coincidentes. Estos testimonios pertenecen en su mayoría a empleados de diferentes locales del shopping, personas que pasan la mayor parte del día dentro del complejo, lo que les otorga cierto crédito respecto de la siguiente opinión, que, más o menos, todos compartieron:

—El shopping está lleno de ecos. ¿No vieron el aspecto irregular que tiene? Con tanto pasillo y desnivel, parece un laberinto. Y esa irregularidad se paga con una cacofonía de locos. Los ruidos rebotan por las paredes, y luego surgen en el rincón menos esperado.

Esto último pudimos corroborarlo. Hay esquinas de las que brotan, literalmente, los sonidos más variados. No ocurre todo el tiempo, hay que tener paciencia. Pero sucede.

¿No habrá estado nuestro cuadro colgado en alguno de estos rincones sonoros, produciendo así el efecto "sobrenatural" del habla? ¿No es ésta la explicación más sencilla de todas, la más simple, y no por eso menos satisfactoria?

Como ya dijimos, el cuadro desapareció. Nadie conoce su paradero.

Los defensores de la razón, de la lógica, dicen que simplemente alguien se lo robó. Algunos, incluso, llegan al extremo de asegurar que la pintura parlante jamás existió, y así pretenden resolver todo el asunto.

Del lado opuesto están los devotos de las psicofonías, de las voces de otro mundo, quienes aseguran que estas "aberturas dimensionales", como el cuadro de nuestro mito, se hacen presentes sólo por un tiempo, para luego desaparecer, a veces para siempre.

La cuestión es que el cuadro ya no está, si es que alguna vez estuvo. Lo que aún perdura es el mito, como si el relato mismo se tratara de las últimas palabras que emitió la pintura antes de desaparecer, las cuales, gracias a la irregular arquitectura, rebotan por los pasillos del shopping, de pared en pared, eternamente.

En realidad, el cuadro sigue hablando, pero ya no desde un lienzo, sino desde la boca de cada persona que difunde la leyenda.

PARTE IV
Personajes y bestias fabulosas

Si bien este mito comenzó con la simple mención de un personaje fabuloso, terminó por conducirnos a los antiguos y oscuros pasajes que se esconden en la Cábala.

Sabíamos por diferentes fuentes que algunos de los habitantes de Balvanera confiaban en la presencia protectora de un ser extraordinario: un gigante que cuidaría, como un ángel guardián, de cada rincón del barrio.

Y cuando decimos "gigante" no estamos exagerando:

Walter M. (vecino): "Se supone que existe un grandote bonachón, una especie de guardián del barrio. Algunos dicen que mide casi tres metros. Acá hay mucha gente que se lo toma en serio".

Jorge H. (dueño de un pequeño hotel del barrio): "Me acuerdo de una vez, hace un año más o menos, que me había quedado sin cigarrillos y salí a buscar un kiosco abierto. Serían las 3 de la madrugada. Lo vi en la plaza. Tenía la altura de los árboles. Caminaba como en cámara lenta. Luego me enteré de que aquella noche, en la plaza, cerca de la boca del subte, estuvieron a punto de violar a una chica, y que el degenerado, de repente, se fue corriendo, como si hubiera visto al Diablo".

Facundo R. (alumno del Colegio San José): "Un compañero de mi escuela dice que a su tío le salvó la vida un gigante de tres metros. Chocó con el auto y, antes de que explotara, el gigante lo sacó".

Los primeros pasos en la búsqueda de los orígenes del Gigante de Once no fueron nada alentadores.

Por un lado, el hecho de profundizar en ciertos testimonios, no arrojó ningún otro dato más que la extraordinaria talla del grandote y sus hazañas solidarias.

Y por otro lado, el estudio de algunos archivos barriales no nos entregó nada relacionado con el mito.

Tomamos la decisión, entonces, de retroceder a las mismas raíces de este tipo de leyendas, y así descubrimos algo que abriría una inesperada puerta en la investigación.

Ya en el primer Libro de la Biblia se hace mención a estos seres:

Génesis, 6.4. "Había gigantes en la tierra en aquellos días...".

También se los nombra más adelante, en otros versículos, como el siguiente:

Números, 13.34. "También vimos allí gigantes, hijos de Anac, raza de los gigantes: y éramos nosotros, a nuestro parecer, como langostas; y así les parecíamos a ellos".

En ambos pasajes, el término hebreo que se traduce por "gigantes" es *nefilim*. Aún no se ha decidido si con esa palabra se quiso decir "gigantes", o si sólo hacía mención a una raza de guerreros poderosos. Debido a esta incertidumbre, pueden encontrarse versiones de la Biblia donde, en los mismos versículos, la palabra *nefilim* se dejó sin traducir.

Ahora bien, al recoger este dato tuvimos la sospecha de que no era la primera vez que nos encontrábamos ante *nefilim*: esta particular palabra ya nos había llamado la atención en una oportunidad anterior.

Retornamos a los archivos de Balvanera y leímos, por segunda vez, un documento fechado en 1930, el cual hacía referencia a los diferentes acontecimientos de aquel año. Uno de los sucesos comentados, ocurrido un tanto en la periferia del barrio, se refiere a los destrozos que la tradicional confitería El Molino, en la esquina de Callao y Rivadavia, sufrió a causa del golpe militar de Septiembre:

"... esa misma noche, dicen, pudo ser visto el Nefilim entre las ruinas de la confitería, removiendo los escombros... ".

Algunos conocedores de la historia de Balvanera aseguran que, en este párrafo, "nefilim" se utiliza como metáfora de la "gigantesca" desgracia asociada con el hecho; como si el escriba hubiera personificado al mismo mal que provocó la tragedia y lo hubiera imaginado hurgando entre los restos de El Molino.

Sin embargo, teniendo en cuenta el mito barrial y el término hebreo en cuestión, podemos suponer que el documento, en realidad, hace referencia a un gigante (nefilim), quien solidariamente trata, en un intento desesperado, de restaurar la confitería con sus propias manos.

Si en un documento con unos setenta años de antigüedad habíamos encontrado algo relacionado con el mito del Gigante de Once, ¿qué pasaría si siguiéramos retrocediendo en el tiempo? Decidimos entonces estudiar documentos anteriores.

Así, llegamos a una crónica acerca de los llamados "sopistas" que data del año 1903. Se denominaba así a los pobres que por aquella época se juntaban a recibir una sopa gratuita que ofrecía la Iglesia. Eran tantos que, según la crónica, las veredas del barrio se transformaban en verdaderos comedores al aire libre. Y así llegamos a un fragmento de la crónica que, al nombrar a ciertos personajes que esperaban su ración, dice:

"...y allí estaban... Basilio Garisto, caudillo uruguayo caído en desgracia; y detrás de él, el Nefilim...".

¿Qué habrá querido señalar el cronista de este documento de comienzos del siglo XX? ¿Que detrás del caudillo oriental se hallaba alguien llamado "Nefilim"? Pero se refiere a "el Nefilim", como en el documento de 1930, por lo que parecería estar hablando de... ¿"el Gigante"?

Ahora bien, si suponemos esto último, y además decimos que se trata del mismo gigante nombrado en el documento de 1930, como también de aquel que algunos aseguran continúa paseando por las noches en Balvanera; entonces debemos concluir que no sólo estamos ante un gigante, sino ante un gigante con más de cien años de edad.

Todo esto nos lleva a otra conocida leyenda, en donde se combinan talla importante y longevidad: el mito rabínico del Golem.

"Golem" significa literalmente "materia amorfa o sin vida". Se dice que el origen de la historia data del siglo XVI. Según ésta, en el gueto de Praga, un rabino llamado Judah Loew ben Bezabel creó, mediante métodos de la Cábala, un hombre artificial para que lo ayudara en la sinagoga. A este ser lo llamó Golem; la vida que lo animaba, aunque de tipo vegetativa, se debía al influjo de una inscripción mágica puesta detrás de sus dientes, la cual era retirada todas las noches. (Algunas versiones aseguran que esta inscripción se trataba del nombre secreto de Dios; otras, en cambio, hablan de *emet*, la palabra hebrea que significa "verdad").

Una noche, Judah olvidó retirarla y el Golem entró en delirio. Destruyó todo lo que se le cruzaba en el camino, hasta que el rabino lo enfrentó y deshizo la inscripción mágica. (Las versiones que toman a *emet* como inscripción dicen que el rabino eliminó la primera letra para que se convierta en *met*: muerte.) Finalmente, sólo quedó del Golem una estatua de barro que todavía puede ser vista en la antigua sinagoga de Altneus.

Si tenemos en cuenta la fuerte inmigración a nuestras tierras del pueblo judío entre finales del siglo XIX y comienzos del XX, puede suponerse cierta conexión entre la leyenda rabínica del Golem y el mito balvanerense del Gigante o Nefilim. Quizás éste sea simplemente una "porteñización" de la primera.

Pero antes de tantear posibles respuestas, veamos los siguientes testimonios. Los nombres y ocupaciones de los entrevistados no serán revelados, a pedido de ellos mismos, baste decir que se trata de diferentes personalidades relacionadas con el judaísmo:

Testimonio 1: "Se dice que en ciertas sinagogas se guardan manuscritos apócrifos acerca del Golem. Uno de ellos aseguraría que en Praga fueron creados no uno, sino trece 'humanoides de arcilla'. Por eso, una versión dice que un rabino mezcló uno de estos golems con los judíos que llegaron a Buenos Aires".

Testimonio 2: "Una historia cuenta que un rabino llegó a Buenos Aires, allá por el 1900, con un Golem propio, o con los procedimientos que exige la Cábala para crear uno. Ya sea que haya llegado con la criatura o la haya concebido aquí, cuando el rabino murió, el Golem se quedó sin amo.

"Luego, el relato tiene varios desenlaces, según el escrito que se analice: en algunos se afirma que, antes de su deceso, el rabino encerró al monstruo en una habitación a la cual nadie puede llegar. (Algunos creen que dicha habitación se halla en el Anexo del Hospital Francés, a metros del monumento al Cid Campeador, en el barrio de Caballito: el hospital habría sido construido sin tocar esta habitación, la cual ya existía en la antigua casona que allí se alzaba.) Otros cuentan que el Golem quedó libre, obligado a vagar eternamente por los alrededores de lo que fue su casa".

Además, pudimos encontrar en una antigua crónica barrial rabínica (fechada en el año 1916 y traducida de un supuesto original hebreo por un tal Mascimiano Funes) el siguiente párrafo:

Existe una calleja que nadie puede ver, salvo desde un balcón al que nadie puede llegar. Y es aquel oculto callejón morada del no-nacido-de-madre, el gigante abandonado, que deambula y deambula en aquel lugar sin salida. Y espera, espera...

Algunos suelen identificar a esta *calleja* con el emplazamiento de dos pasajes actuales: uno de ellos es el pasaje en forma de "L" llamado Colombo, donde se alza una singular construcción (justo en la esquina de la "L") rematada por un reloj, en la que —se dice— aguarda el no-nacido-de-madre; y el otro es el pasaje Victoria: verdadero callejón sin salida que nace a una cuadra y media de la plaza 1º de Mayo, justo enfrente del Spinetto Shopping. Al visitarlo, uno puede entender por qué ha sido relacionado con el mito: la única entrada que tiene el pasaje (ubicada sobre Adolfo Alsina, entre Pichincha y Matheu) ha sido cerrada con un gigantesco portón de madera, transformando al pasaje Victoria en un pasaje con "puerta de entrada", como si los habitantes de las viviendas que se alzan detrás del pórtico tuvieran algo que ocultar, algún "gran secreto", quizá.

Dicho sea de paso, ambos pasajes se encuentran ubicados en donde el barrio de Balvanera se confunde con el de Congreso, justo entre las misteriosas "medias estaciones" del subte A: Pasco y Alberti, lugar también mítico ya analizado en este libro.

Fuera del ambiente rabínico también encontramos historias que pueden guardar relación con la leyenda del Golem: una de ellas es la de María Salomé Loredo Otaola de Zubiza, quien nació en España, en la provincia de Vizcaya, en una aldea llamada Zubiete, el 22 de octubre de 1855.

Ya su nacimiento se codea con el relato mítico: se dice que aquella noche caía una lluvia aterradora, los vientos hacían temblar las casas; pero al nacer la niña, la tormenta cesó de inmediato.

Llegó con su familia a Buenos Aires en 1869, instalándose en la localidad de Saladillo. En 1892, María ya vivía en su casa de La Rioja 771, en Balvanera, la cual transformó en templo para recibir a los miles de fieles que imploraban por sus consejos y su poder de curación.

Existen comentarios que vinculan a la Madre María, como le decían sus devotos, con el supuesto rabino que poseía al Golem. El rabino, cuentan, le reveló a ella ciertos secretos de La Cábala, los cuales le habrían otorgado sus cualidades curativas.

Otros dicen que, luego de la muerte del rabino, María se quedó un tiempo con el Golem, pudiéndoselos ver caminar juntos en contadas ocasiones.

Existe otro relato que data de 1928 y es muy conocido en el barrio. La Madre María murió el 5 de octubre de ese año; en su velatorio, un hombre silencioso, de gran altura y de caminar cansino, se acercó al féretro, puso sus manos sobre la muerta y balbuceó unas palabras.

Según la tradición, aquel hombre era don Hipólito Irigoyen, el presidente de la República Argentina, quien al parecer la visitaba muy a menudo en su casa-templo. Sin embargo, otras versiones identifican al misterioso visitante con el mismo Golem, quien de esa manera se habría despedido de su último amo (ama en este caso), para luego alejarse por las calles de Once, y vagar por ellas eternamente.

La explicación lógica más cabal con respecto al nacimiento y transformación del mito del Gigante o Golem de Once apunta a que todo empezó con la existencia real de un hombre cuya altura era tal que no podía pasar desapercibido, ganándose naturalmente el apodo de "Gigante".

Por otra parte, la corriente inmigratoria habría jugado un papel importante en lo que respecta a este hombre. Así se desprende de las palabras del demógrafo Ernesto Maeder, quien asegura que la inmigración produjo cambios "tanto en lo étnico como en lo cultural, que abarca hechos tan distintos que van *desde el aumento en la talla promedio* hasta las modificaciones sufridas por el lenguaje y las costumbres".

Por lo tanto, en base a esta afirmación, tendríamos a un "gigante" relativamente "creado" por la corriente inmigratoria de fines del siglo XIX y comienzos del siglo XX. Y si tenemos en cuenta que, de esta corriente, fueron judíos, sirios y libaneses los que se instalaron en Balvanera, no cuesta mucho imaginar el caldo de cultivo del que pudo haber surgido nuestra leyenda, la leyenda de un "gigante creado por los judíos de Balvanera" o, lo que es igual, "el Golem de Once".

Además, el crecimiento del mito pudo verse alentado por la necesidad de protección que, con seguridad, sintieron los inmigrantes al llegar a nuestro "extraño" territorio. La leyenda de un Golem guardián habría ayudado psicológicamente a los recién llegados.

Pero aunque algunos crean discernir el lógico nacimiento del mito, siempre habrá un espacio para el cuestionamiento, para la sospecha, para el rumor; todos ellos alimentos de la leyenda, la leyenda que espera detrás de aquella puerta tapiada, en aquella habitación oculta, en aquel edificio olvidado.

"¿Quién puede decir que *sabe* algo sobre el Golem?", dice Gustav Meyrink en su libro *El Golem*. "Se lo relega al reino de la leyenda hasta que un día sucede algo en una calle que de repente lo resucita. Durante un tiempo todo el mundo habla de él y los rumores crecen hasta lo increíble. Se hacen tan exagerados y desmedidos que finalmente vuelven a derrumbarse…"

Coghlan

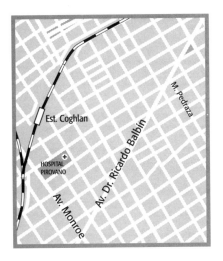

En la Capital Federal las personas que deambulan mendigando se cuentan por millares. Mujeres embarazadas, ancianos, jóvenes en sillas de ruedas; no hay límite de edad ni de condición. Ellos arrastran sus bolsas, su desesperación... y sus mitos.

Varias de esas historias llegaron hasta nuestros oídos, pero sólo incluimos unas pocas en la lista de investigaciones. El mito que trataremos a continuación es uno de estos relatos, cuyos inquietantes detalles nos llamaron la atención desde un principio. Luego, cuando confirmamos su perturbadora ubicación —el ferrocarril Bartolomé Mitre, transporte utilizado diariamente por miles de personas—, nos decidimos a conocerlo en profundidad. (Hemos detectado rumores de historias similares en las otras líneas ferroviarias que, como ésta, nacen en Retiro. Sin embargo, nuestra investigación se centró en el nombrado ferrocarril Mitre.)

La historia cuenta que por los vagones de estos trenes deambula un hombre con una invalidez un tanto especial: sus ojos no tienen párpados. Así, este hombre iría de vagón en vagón, sin poder pestañear, sin poder dejar de mirar, de observarlo todo, con los ojos llenos de lágrimas, mendigando unas monedas para pagarse un carísimo trasplante que le permita recuperar su membrana protectora.

Eso era todo lo que sabíamos cuando comenzamos a recoger los testimonios de algunos pasajeros de la línea Bartolomé Mitre, en la primera etapa de nuestra investigación.

Alma T.: "No creo en el mito. Son cuentos de viejas. Oí decir por ahí que el hombre ese sube siempre en la estación de Coghlan. Mi primo vive en Coghlan y nunca lo vio".

Jerónimo A.: "Hace más de veinte años que viajo en este tren. Cuando empecé a hacerlo, ya se hablaba del tipo ese. Decían que siempre andaba solo. Que siempre se bajaba o se subía en la estación... Saavedra, creo... o en Coghlan... bueno, no me acuerdo. Les soy sincero, yo no lo vi nunca. Ciegos y tuertos, miles, pero un hombre sin párpados jamás. Si hasta decían que era extraterrestre. Miren, se dijeron tantas cosas que terminé por no creer ninguna. Hace tiempo que no escuchaba nada de aquella historia. Para mí el tipo no existió nunca".

Pascual B.: "Pero hace ya mucho tiempo de eso... El tipo se murió. Todos saben que el tipo se murió después de una terrible infección en los ojos".

Otros también coincidieron en el dato de que el hombre del mito estaba muerto ya. Pero la coincidencia se desvanecía a la hora de detallar cómo había sido su deceso. Pascual B. habló de una infección. Veamos qué dijeron otros entrevistados:

Osvaldo V.: "Cuando mi abuelo vivía contaba siempre

cómo el hombre sin párpados se suicidó en un vagón, delante de todos los pasajeros. Y mi abuelo estaba entre ellos."

Amalia T.: "Dicen que en sus últimos días estaba casi ciego. Supuestamente se mató cuando se cayó accidentalmente del andén de la estación Coghlan y el tren le pasó por arriba. Y después inventaron las pavadas esas de que los ojos del tipo estaban tan secos, que cuando lo golpeó el tren se le saltaron de las órbitas y se mezclaron con las piedras que están entre los raíles. Y que cuando los bomberos retiraron el cuerpo se olvidaron de los ojos. Todavía hay [quienes] buscan los ojos del tipo al lado de la vía, entre las piedras. Porque dicen que el tipo era extraterrestre, y entonces los ojos tienen poderes, y qué sé yo. A la gente le encantan esas idioteces".

Carlos T. (vendedor ambulante): "Hace unos meses espichó el viejito que vendía naipes. Ése sabía la posta. Siempre decía que el deforme ese se había tirado abajo del tren, y que al entierro no fue nadie, salvo él, el viejito. Y que en el cementerio había muchos tipos de traje y lentes negros".

Como estas personas, hubo otras pocas que conocían el mito, y repitieron los mismos datos de los testimonios expuestos, o no aportaron nada nuevo sobre él.

Y decimos "otras pocas personas" porque no fue fácil encontrar gente que supiera de qué estábamos hablando: el 84% de los entrevistados nunca habían oído hablar del hombre sin párpados. Algunos hasta pensaron que nuestro sondeo no era más que una cámara sorpresa.

Esta dificultad a la hora de encontrar conocedores de la historia nos llevó a suponer que el mito se hallaba "en retirada" o, dicho de otra manera, en proceso de desaparición.

Debemos aclarar que aún hoy se encuentra en discusión la denominada "desaparición total" de un mito o de una leyenda. Algunos estudios, que incluyen enormes programas de sondeos en decenas de países, parecen tener pruebas de que las historias míticas nunca desaparecen de manera absoluta. "Siempre —dicen quienes defienden esta postura— habrá un grupo de personas, por pequeño que sea, que guarde el mito en su memoria. Y entonces, tarde o temprano, la leyenda renacerá. En su estado puro o en uno mutante. Pero siempre volverá."

Quizá sea el caso de nuestro mito. Quizá la historia del hombre sin párpados se halle agazapada, esperando mentes jóvenes para saltar a ellas y así resucitar, volver a su antiguo esplendor, si es que alguna vez lo tuvo. O quizá ya nadie la recuerde dentro de unos años, y muera. Aunque esperamos que este libro contribuya a que esto último no ocurra.

Pero volvamos a nuestra investigación. El sondeo en la línea Bartolomé Mitre no sólo nos había provocado la idea de un mito "en retirada", sino que también nos había dejado un tanto confundidos. Nos aferramos entonces a uno de los pocos datos que compartía un gran número de testimonios: Coghlan. Decidimos que la segunda etapa de nuestra investigación se desarrollaría en aquel barrio.

Muy a nuestro pesar, en Coghlan, más que en Retiro, nos fue difícil hallar a personas que conocieran el mito. Las pocas que conocían la historia sólo habían escuchado algo relacionado con un accidente, un tren que mató a un inválido.

Ernesto P. (empleado de un maxikiosco sobre la calle Quesada): "Aquello pasó hace más de treinta años. Salió en todos los diarios. El pobre tipo era sordo o ciego".

Teresa S. (dueña del puesto de diarios sobre la calle Congreso): "Tengo entendido que la locomotora que encabezaba el tren que lo mató, se encuentra abandonada en los talleres de Retiro. Y los que la vieron dicen que aún tiene, aunque casi imperceptibles, unas extrañas manchas anaranjadas: lo que queda de antiguos manchones de sangre".

El escaso personal de la estación de Coghlan nos negó directamente la veracidad de la historia.

"En todas las estaciones muere gente —nos dijo el empleado que vendía boletos en la ventanilla—. ¿Saben la cantidad de accidentes que ocurren? ¿Y los suicidios? Si cada estación tuviera un fantasma por cada persona muerta en sus vías, no habría lugar en los andenes para contenerlas. Las estaciones ferroviarias son tumbas. Tumbas gigantes. Un tipo muerto es una gota de agua en un océano."

En la búsqueda del posible origen de la leyenda del hombre sin párpados, nos encontramos con un mito sospechosamente parecido: "los hombres sin pupila" del subterráneo moscovita. Esta leyenda urbana rusa asegura que cualquiera que utilice el subte de ese país podrá descubrir, si observa bien, a ciertos hombres mezclados con los pasajeros normales, hombres... cuyos ojos son absolutamente negros: no tienen "parte blanca", ni pupila. Algunos dicen que pertenecen a una raza de humanoides que vienen de una secreta sociedad subterránea. Otros afirman, como en nuestro mito, que son extraterrestres, cuya labor, en este caso, sería ser escoltas secretos del gobierno.

¿No sería posible que la leyenda de "los hombres sin pupila", llegara a nuestras tierras para transformarse en "el hombre sin párpados"? Quizás, hace algún tiempo, un inmigrante ruso viajó en los trenes porteños, y creyó ver en uno de los vagones a una persona extraña que le hizo recordar la leyenda urbana de su país. Luego, simplemente echó a rodar el cuento, hasta que la historia transmitida oralmente, mutó una y otra vez, incluyendo algunos elementos y eliminando otros. Tal vez, uno de los elementos agregados más tardíamente haya sido el que se refiere a la muerte del protagonista del mito. Este dato pudo provenir de algún accidente real, acoplado al mito en una época reciente.

Aún hay algo más. Algo que quizá sea un reflejo de aquello que defienden los que dicen que un mito nunca desaparece, que "siempre habrá un grupo de personas, por pequeño que sea, que guarde el mito en su memoria".

Sabemos que no puede considerarse una pista porque se trata sólo de una impresión. Tal vez nuestros deseos de conseguir algo sólido sobre el mito nos llevó a especular más de la cuenta. Pero vale la pena consignarlo.

A pesar de las negativas que recibimos del personal de la estación de Coghlan, hubo algo que nos llamó la atención. En uno de los andenes, más precisamente en el que arriban los trenes que se dirigen a Retiro, había ocho personas esperando. Seis de ellas estaban paradas muy cerca del borde del andén, con el rostro hacia abajo... como si estuvieran buscando algo con la mirada, algo entre las vías del tren, entre las piedras.

Y entonces, mientras abandonábamos la estación, no pudimos evitar recordar las palabras de Amalia T.: "Todavía hay [quienes] buscan los ojos del tipo al lado de la vía, entre las piedras. Porque dicen que el tipo era extraterrestre, y entonces los ojos tienen poderes".

Bajo Flores

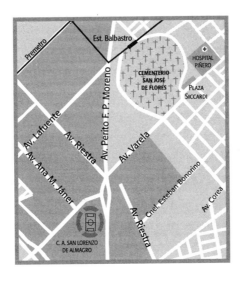

El enano vampiro

Éste es uno de los mitos urbanos más increíbles pero a la vez más fascinantes.

Sabemos que a partir del título puede resultar gracioso, incluso pueril, para algunos lectores, pero podemos asegurarles que no fue así para las víctimas de este extraño personaje.

La historia se ubica durante la última dictadura militar en los años setenta. En esa época llegó a Buenos Aires el Circo de los Zares. Se instaló donde ahora se emplaza el "nuevo Gasómetro", es decir, la cancha del Club San Lorenzo de Almagro. Este circo tenía en apariencia una genealogía real. Los comienzos de la compañía se remontaban a tiempos de Pedro el Grande. Claro que después de la revolución bolchevique debió cambiarse el nombre, pero luego de algunos años el régimen se convenció de que el circo carecía de toda importancia y le devolvió el nombre original.

El Circo de los Zares no era de las dimensiones del impresionante Circo de Moscú, pero tenía las atracciones acostumbradas. Y por supuesto, no faltaba la típica *troupe* de payasos y enanos. Uno de esos enanos provenía de la zona de los Cárpatos, como el famoso conde

Dracul (devenido en personaje al ser inmortalizado por Bram Stoker en "Drácula"). Su nombre era Belek y se destacaba del grupo por su agilidad. Pero también por otras cosas.

El circo poseía una dotación importante de animales, hasta que éstos empezaron a morir extrañamente. Al principio, el dueño del circo, el señor Boris Loff, pensó que se trataba de una enfermedad que los animales podrían haber contraído cuando el circo recaló en el Brasil. Pero encontró marcas sospechosas en diferentes partes de los cuerpos. Al verlas, cambió su teoría y especuló que quizás habían traído algún tipo de animal desconocido junto con la compañía, un depredador muy voraz por cierto. Al hacerles una autopsia improvisada (el señor Loff tenía ciertos conocimientos médicos básicos), notó que las víctimas estaban prácticamente desangradas, secas. Además, se dio cuenta de que los decesos se producían siempre a la noche. Entonces, formó un equipo de vigilancia junto con la Mujer Barbuda y el Hombre Bala.

Una noche, la última antes de levantar la carpa e irse de gira por el interior del país, escucharon ruidos sospechosos en el carromato de Kirki, el payaso estrella del circo. El Hombre Bala se puso el casco que utilizaba para su acto mortal, tomó carrera y se tiró de cabeza contra la puerta. Con la puerta hecha pedazos, la Mujer Barbuda y el señor Loff entraron con decisión. Descubrieron con asombro y horror a Belek con las manos en la masa, y no sólo las manos, también los dientes sobre Vera, una mono tití que hacía las delicias de grandes y chicos con sus gracias.

Inmediatamente, Belek fue expulsado del circo. Y si

bien no lo denunciaron porque el caso era demasiado irregular, el enano tuvo que recoger sus pertenencias y prácticamente huir.

La versión original de este relato figura en el libro: *The Wonderful World of the Circus. One History,* de un tal Dick Stevenson, publicado en el año 1987 por la Oxford University Press. Sin duda, un libro curioso.

Es que los verdaderos problemas empezaron cuando el enano Belek se refugió en una casa semiabandonada del bajo Flores.

La gente del barrio sabía de la existencia del enano eslavo. Algunos vecinos lo habían visto, pero parecía tranquilo. Por lo demás, nadie comprendía su lengua. Ni tampoco entendían cómo podía mantenerse este pequeño visitante. Pronto lo averiguarían.

Nos llevó un tiempo considerable romper con la resistencia del vecindario. Varios desplantes y algunas semanas después, un funcionario municipal se apiadó de nosotros y nos recomendó que fuéramos a ver a una persona considerada algo así como el alma viva del barrio: *Fulgencio P.,* don Fulgencio para todos.

Nótese este rasgo prototípico de la leyenda urbana: siempre hay algún viejo vizcacha citadino que con su sabiduría y su memoria aclara, o a veces confunde, el camino de la verdad.

Apenas le comentamos el tema, don Fulgencio se sonrió (con una boca casi sin dientes), se levantó de su silla de mimbre y le dijo a uno de sus cinco nietos, que en el momento de la entrevista estaban a su lado, que le trajera algo. El chico al principio se negó, pero el abuelo le insistió hasta que vimos perderse al niño en las profundidades del pasillo de la casa chorizo. Al cabo de un rato, apareció con un par de botas de goma de caña alta.

—¿Ven esto? —nos dijo don Fulgencio introduciendo los dedos en dos orificios casi perfectos a la altura de los tobillos de la bota—, fue el hijo de puta ese. Al principio se la agarró con los gatos del barrio, ¿saben? Con los gatos atorrantes; ni le dimos importancia, pero cuando desapareció el gato de doña Ángela, de acá a la vuelta sobre Santander, ahí ya nos entró el cagazo.

Le pedimos más precisión.

—Siempre era de noche cuando atacaba. A tal punto que después de las 8, 8.30, no podía salir ningún pibe a la calle, muy jodido ¿saben? Yo me salvé gracias a Osvaldo. En ese entonces tenía un perro, de esos perros cualunques pero muy gauchitos. Le puse ese nombre porque se parecía a un hermano mío. Bueno, esa noche —dijo mirando el par de botas que estaban en manos del nieto— me acuerdo que a mi señora le faltaba algo para la comida. Mejor dicho, para la cena: pan. Pan, y me encargó un par de sifones. Como llovía me puse las botas. Antes acá se embarraba mucho, peor que ahora. Me acuerdo que iba con la bolsita. Salí con el Osvaldo que empezó a gruñir no bien abrimos la puerta de calle. Yo le dije, "tranquilo, Osvaldo", pero se lo veía inquieto, y a mí también. Me acuerdo como si fuera ayer.

La luz del almacén del Turco Asid. El Turco ya estaba cerrando y me acuerdo que levanté la mano. Le iba a decir algo cuando esa porquería se me cruzó. Pensé que era otro perro, los de la villa que está cerca, por eso el ladrido del Osvaldo. Pero no. Este guacho hizo una serie de piruetas y cuando me quise dar cuenta se me prendió del tobillo. Yo lo miraba y no entendía ni medio. Me sacudí la pierna pero ese mandinga estaba más prendido... tanto que me caí al suelo. Ahí le vi la cara. La verdad, parecía un demonio. Me miró por un segundo, unos ojos azules, la cara toda blanca. Grité, recé, no sé qué más hice y el Osvaldo que no paraba de ladrar se le prendió de la espalda. No me soltaba, pero tampoco el Osvaldo lo soltaba a él. Era como un empate ¿saben?

Al final, me pude zafar y fui corriendo a lo del Turco, que estaba en la puerta del almacén como una estatua. Cuando me tuvo encima, reaccionó y me tiró para adentro y cerró la puerta. Afuera, Osvaldo quería hacerlo mierda al deforme. Hasta escuchamos con el Turco, que en paz descanse, que el mandinga puteaba raro. Después de un rato de pelea vimos que algo le brillaba en la mano al enano este y el Osvaldo empezó a aullar, pobre, hasta que se quedó quietito ¿saben? A él lo vimos renguear un poco pero se fue rapidísmo, como una cucaracha.

En ese momento, los cinco nietos de don Fulgencio miraban a su abuelo sin mover un músculo. El viejo seguía con el relato.

—Al día siguiente, fuimos con el padre Luis, que trajimos especialmente de la Iglesia de la Medalla Milagrosa, y buscamos como locos en la casa abandonada donde se decía que se escondía el enano, pero lo único que encontramos fue un cajón de frutas forrado con una tela como de pana y unos libros en idioma... ruso. Hasta estaba el nombre: Belek. No se molesten en buscar al cura porque se murió hace unos años, bastante joven.

—¿Y la policía? —preguntamos.

Don Fulgencio se tocó unos de los dientes sanos y se sacó algo que le molestaba.

—Los milicos estaban en otra cosa, ¿saben? Claro, si uno no hacía nada no se metían con uno, pero tampoco iban a venir por una cosa así.

—¿Hubo más ataques?

—Claro que sí. Si mal no me acuerdo, a una señora mayor, que se murió a los días, pero no puedo decir si fue por el enano este. Un muchacho de apellido Galán que se fue del barrio y una piba. Lo de la piba fue bravo, dicen... pero ojo: dicen, porque yo no lo vi. La chica era de la villa y el bicho este le afano el bebé recién nacido.

(Debemos hacer una aclaración, antes de seguir con el relato: tenemos información de que para el año en que Belek atacaba, la policía y fuerzas parapoliciales realizaron *razzias* en la zona del bajo Flores, inclusive en esa misma villa. Se llevaron personas, supuestamente "células terroristas" infiltradas en la misma villa. La mujer a la que se refiere don Fulgencio podría haber sido una de ellas. La información se va transformando y en el tamiz quedan voces ahogadas. Ahogadas por el miedo. Un miedo que se confundía con la noche. No descartamos, entonces, que el mito haya sido estimulado o alentado por las mismas fuerzas de seguridad como una forma de control a través del terror. Aunque también dudamos de que tuvieran tanta imaginación.)

—¿Y qué hicieron entonces?

El viejo le acarició la cabeza a uno de sus nietos, el más chiquito, y siguió.

—Nos protegimos, ¿saben? —comentó incómodo—. Todas las casas con ristras de ajo, esas cosas. Nos poníamos crucifijos.

—¿Y dio resultado?

En ese momento y repentinamente don Fulgencio se quedó callado, la mirada al frente. Pareció quedarse seco de palabras. El nieto, el mismo que había ido a buscar las botas, completó el relato.

—El enano se enfermó —nos dijo muy serio—. El clima húmedo dicen, gripe. Mi abuelo lo escuchó estornudar varias veces. Porque lo agarraron, pero se les escapó.

—¿Cómo fue?

—Mi abuelo dice que lo agarraron con una red de arco de un potrero, cerca de la Estación Flores. El enano se le había prendido a un señor, pero gracias a lo de las botas que todos usaban para salir a la noche no lo lastimó mucho, le dejó un agujero en la pierna. El señor tuvo mucha fiebre, mucha. Quería tomar agua todo el día. Casi se va al otro lado, pero se salvó.

Le preguntamos si podíamos ubicarlo pero ya había fallecido.

—Mi abuelo lo vio cara a cara y se asustó mucho. Al enano le caían mocos verdes y gritaba cosas que nadie entendía. Los que estaban ahí empezaron a pegarle patadas y el enano no paraba de decir cosas. Se le veía sangre acá —y señaló la boca— y unos colmillos. Sacó algo de la ropa y cortó la red. Mi abuelo alcanzó a patearle la cabeza y dice que del grito que pegó todavía se acuerda.

Observamos a don Fulgencio. No parecía la misma persona que al principio. Estaba lejos, como queriéndose acordar de un detalle que faltaba, de un recuerdo incompleto. El nieto nos dijo que el abuelo se cansaba fácilmente, sobre todo desde que había perdido a su mujer hacía unos años, que no le preguntáramos más nada. Luego, para nuestra sorpresa, nos pidió una "colaboración voluntaria" porque el abuelo recibía una jubilación mínima y había que pagar los medicamentos. Rebuscamos en nuestros bolsillos. Pero queríamos saber el final del relato.

En esa cuadra, nadie quiso atendernos.

Dejamos nuestros datos y dimos por terminada la investigación. Como no nos satisfacía del todo, no íbamos a incluir este mito en la antología. Hasta que recibimos un llamado: era el señor Galán, una de las víctimas de Belek, el supuesto enano vampiro. Nos citó en un bar (cercano a la Estación Flores), y éste es el fascinante testimonio que ponemos a consideración de ustedes:

—Soñé con eso durante años muchachos —nos dijo el señor Galán, dentro de una nube de humo, producto de encender un cigarrillo tras otro—, se los puedo asegurar, hasta tuve que hacer terapia.

Le preguntamos cuál era la explicación que él le daba al facultativo.

—La misma que le podría dar a ustedes: la de un tipo que estaba loco y se creía algo que no era pero...

—¿Pero?

—Me imagino que saben lo del Circo, bien, como también de dónde venía este personaje. Como soy agente de viajes, tuve la suerte de viajar a muchos lados y uno de los lugares que visité fue Rumania —recalcó la palabra especialmente y dedicándole una nube de humo enorme como para acentuar el clima—, un lugar muy interesante donde las tradiciones y el folklore se mezclan con la realidad. Allí, muchos me dijeron que no les extrañaba lo del enano y que la forma no importaba... Hablamos de eso que están pensando, vampirismo o como lo llamen.

Se hizo un silencio. Teníamos demasiadas preguntas para hacerle.

—Sé que estuvieron con el viejo Fulgencio —arrancó intuyendo nuestras dudas—; les debe haber contado casi todo, menos lo de la maldición.

—¿Maldición?

—Según parece, la noche que agarraron al enano, les tiró una maldición. La mujer de don Fulgencio empezó a padecer una enfermedad rarísima y sufrió mucho tiempo. El resto del grupo, casualidad o no, fue desapareciendo en circunstancias más o menos iguales, por eso, salvo el viejo, nadie quiere hablar mucho del tema en el barrio. Aclaro que yo me fui no por esto sino porque me casé.

Notamos que no tenía anillo.

—Soy viudo, pero estoy absolutamente convencido de que la maldición es completamente absurda, además, tengo dos hijos hermosos. Eso no quita que el ataque haya sido totalmente traumático. Imagínense: yo era todavía bastante pendejo. Esa noche iba a buscar una bicicleta que había mandado a arreglar. Hacía un frío bárbaro pero yo estaba antojado con ir a buscar mi bici. Serían las 8 de un día de julio. Me acuerdo que iba por Bonorino y no había nadie por la calle. En eso, veo un par de ojos muy brillantes que me miraban tan fijo que me hipnotizaron. Igual supuse que sería una rata o tal vez un gato que se asustó al verme. Los ojos no parpadeaban y apareció una voz chillona que decía cosas, en un idioma desconocido, que después me enteré que era rumano, y la voz se me acercó —a esta altura el pulso del señor Galán se alteró y las cenizas se desparramaron en la mesa y hasta en el café y su cara se llenó de pequeños tics—. Después abrió sus manos y también una especie de capa que tenía y se me tiró encima. Yo tenía las botas de lluvia que nos había recomendado don Fulgencio que usáramos, pero no me sirvieron de nada, porque al venirse encima me fui al piso y se me quiso prender del cuello. Yo, por puro instinto, puse el brazo y me lo mordió, pero no llegó a perforarme la ropa. No sé por qué me acordé que tenía las llaves en el cinturón de mi pantalón. De los nervios arranqué el llavero y le entré a dar en la cara —Galán hizo la mímica de los azotes dentro del aire viciado del cigarrillo—, pero seguía prendido de mi brazo. Lo que me daba más miedo no era su cara, sino una mezcla de... no sé, de odio, de furia... y esos ojos. Me acuerdo y se me pone la piel de gallina.

Por suerte llevaba una campera muy gruesa y era difícil penetrarla. Pero la cosa ahí se puso fea porque sacó algo como una navaja. Le di otro llaverazo e hice algo que se lo vi hacer a... no me lo van a creer, muchachos: le hice un piquete de ojos como había aprendido de "Los tres chiflados". Fue tan fuerte que abrió la boca por el dolor. Aproveché ese segundo para incorporarme y le di una patada tan fuerte que lo mandé con capa y todo contra un árbol. Casi a ciegas, recogió su navaja y con una de las manos tapándose uno de los ojos me dijo algo que no entendí y salió corriendo. Todo habrá durado unos segundos pero a mí me pareció una eternidad.

—¿Y que pasó después?

—Y bueno, después de que casi lo agarran no se supo más nada. Por supuesto yo, que siempre tuve mente curiosa, investigué y alguien me dijo que lo habían visto en Córdoba. Dicen que el enano no soportaba el clima, a mí me

Peninsula Library System
RECEIPT
Patron: DIVITO, LUIS S
01-02-2014 11:26AM

INVOICE #: 414927
STATUS: Overdue
DESCRIPTION: Del tropico / Rafael Ramire
AMOUNT OWED: $2.25
AMOUNT PAID: $2.25
BALANCE: $0.00

Total Paid: $2.25

VB

dejó unos mocos repugnantes en la campera. Pero no se lo vio más. Claro, muchachos, me dirán que si en realidad era un vampiro no podía estar resfriado. Bueno, éste sí. Otra versión es que sigue andando por acá, que está un poco de capa caída. Dicen que "vive" en el cementerio de Flores, total, ahí no lo molesta nadie. Y otra, es que lo limpiaron los milicos y no es cosa para contárselo a nadie ¿o sí?

Asentimos y apagamos el grabador.

Costanera Sur

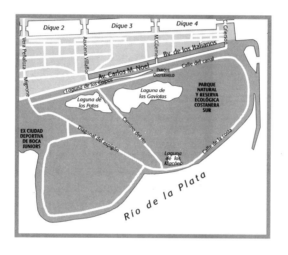

En los límites de la ciudad de Buenos Aires nos encontramos con más mitos. Éste afecta, principalmente, el perímetro de la Reserva Ecológica de la Costanera Sur.

Esta historia surgió casualmente. Estábamos investigando por qué se producen tantos incendios en la reserva. El mito o versión oficial es que empresas constructoras inescrupulosas quieren obtener ese predio para edificar sus moles. Van con el argumento de que la zona no es segura. Por lo tanto, "sugieren" a las autoridades que le den otro destino más útil. Éste se puede verificar en un largometraje de ficción de producción nacional que lleva el inspiradísimo título de *Sin Reserva*.

Nos parecía bastante débil esta teoría. De todas maneras, investigamos.

La derivación hacia el verdadero mito se nos manifestó en la primera entrevista:

A *Juan F.*, un verdadero personaje porteño, empleado de unos de los puestitos que venden choripanes sobre la costanera, lo interrogamos sobre la causa de aquellos incendios perseverantes.

—¿El fuego? Son los pibes de siempre, viste. Le dan

171

al tetra, se van con las minitas, los fasos. Están todos como loquitos. Encienden un fuego para impresionar a las pibas y después no lo pueden parar. Igual, con eso no pasa nada. En realidad, acá —dijo señalando enérgicamente algún lugar de la reserva— hay que tenerle miedo al Reservito.

Preguntamos a qué se refería.

—Al Reservito, un bicho de mierda que vive en las lagunas y se morfa todo. El guacho no se deja agarrar. Por eso, los incendios grosso los hacen los mismos tipos de la Reserva para reventarlo. Y después dicen que son los garcas de las constructoras.

—¿Y por qué hay que tenerle miedo?

—Porque le gusta la carne. Eso sí, ataca a la tardecita y noche. Si no, ¿qué razón tienen para que la reserva cierre a las 7, eh? Por eso, cuando empieza a oscurecer un poco, cierro el puestito y me las pico. Si tienen dudas, pregúntenle al travesti Ernesto, o como le decían antes, Lucy. —Al ver que tenía toda nuestra atención, el puestero se soltó.— Bah, aunque ya no puede laburar más de eso porque el bicho puto ese le agarró el... —el morocho curtido por el sol dejó de cuidar los choripanes por unos segundos y mirando para todos los lados siguió contando—. Como dije, la reserva cierra entre las 6 y las 7 de la tarde, pero estos mariposones se quedan, andá a saber qué les atrae. Para hacerla corta, estaba la Lucy con un cliente entre medio de los yuyos, cuando escucharon un chillido.

—¿Un chillido, cómo? —interrogó uno de nosotros, ansioso.

—Qué sé yo, un ruido que los dejó duros. Después algo se movió entre los yuyos. El cliente y Lucy estaban recagados; encima no veían un carajo. Parece que por un momento no se escuchó ni se movió nada. Pero apenas los dos empezaron a moverse, *eso* los atacó. Al cliente le mordió la pierna en cambio a Lucy... lo atacó justo ahí. Fue jodido, casi se muere.

Nos adentramos en la reserva propiamente dicha (puerta de la calle Brasil) para ver a alguna de las autoridades.

Apenas le nombramos nuestro motivo el señor *Domingo L.*, persona a cargo en ese momento, casi nos saca a empujones.

"Ustedes no pueden soportar la belleza y el esfuerzo que pusimos acá; qué bicho ni qué ocho cuartos. Entiéndanme, acá la gente se olvida de la ciudad, no les llenen la cabeza con cosas raras. ¿De qué diario son? Seguro que de algún pasquín, ¿no?"

No obstante, encontramos algunos indicios interesantes.

En el Libro de Observaciones y Sugerencias que se encuentra en la misma Administación, detectamos ciertas anomalías. En varios pasajes, los visitantes hacen hincapié en que "deberían cuidar la entrada de animales molestos ajenos a la reserva", o dicen algo más significativo como "son como perros negros", incluso algo mucho más concreto: *quiero denunciar que a un chiquito que estaba cerca mío lo atacó un perro, o eso parecía. A mí no me hizo nada porque estaba en bicicleta.*

Las quejas llegan hasta el presente.

De ese mismo lugar, retiramos folletos. En uno se asegura que el predio es permanentemente monitoreado desde una torre de doce metros.

Para entonces (y después de anotarnos para unas de las caminatas nocturnas programadas una vez por mes), ya arriesgábamos una teoría.

Pero antes hagamos un poco de historia. Para eso, nos basamos en información que pudimos encontrar en páginas de la red dedicadas a la reserva:

"Sobre los escombros y las 'tierras ganadas al río' (por no decir arrebatadas) la naturaleza estaba trabajando día y noche. Con la ayuda de las inundaciones, llegaban avanzadas de camalotes, portando ranas, sapos, culebras, una que otra temida yarará y coypos o 'nutrias', entre otros personajes silvestres. Poco a poco, las plantas fueron cubriendo los restos de edificios demolidos para dibujar pastizales, bañados y bosques. Las depresiones mayores, con calefones y heladeras viejas semihundidas desaparecían para dejarnos lagunas con tortugas acuáticas. Fue así como la mano de la naturaleza fue operando como un creativo escenógrafo *ad honorem*.

"Los conservacionistas hicimos fuerza para que las autoridades de la Ciudad de Buenos Aires crearan su primer parque natural el 5 de junio de 1986, en ocasión del Día Mundial del Medio Ambiente. De golpe, se abrió un nuevo camino por 350 hectáreas silvestres. En la Costanera Sur encontramos un trabajo de base logrado por especies —en su mayoría— autóctonas, colonizadoras, rústicas, ecológicamente elásticas y aguantadoras a las agresiones humanas. Sobre esa base se fue edificando el paisaje que la ciudad destruyó y olvidó".

En estos informes se hace mención constante a la transformación espontánea y azarosa del entorno. Se habla inclusive de heladeras semihundidas, etcétera. Decidimos consultar con un ingeniero químico, el doctor *Francisco P.*, quien admitió que "esa fusión espontánea no es gratuita y en el caso concreto de la línea blanca (lavarropas, heladeras), dejan restos químicos contaminantes que pueden afectar dicho entorno. Esa contaminación tiene memoria y puede activarse en cualquier ser viviente".

Con esta premisa, pero sin prejuicios, nos entregamos a la caminata nocturna. El grupo constaba de unas cuarenta personas aproximadamente. Nos dejamos llevar por ese contraste increíble entre lo agreste y el zoológico urbano. De un lado, los gigantes de cemento y vidrio; del otro, la naturaleza y sus mutaciones...

Nos llamó la atención que la visita guiada se limitó, entonces, a un breve circuito. Cuando preguntamos por qué, nos dijeron que no era seguro por las diferentes especies, como el lagarto overo. En ese momento (no fuimos nosotros), alguien mencionó al Reservito. El guardia se rió y siguió caminando moviendo la cabeza. Por las dudas, nosotros no descuidamos nuestras espaldas y seguimos caminando entre grillos y otras especies indistinguibles pero autóctonas.

Hasta lo que sabemos, este animal de aspecto entre perro y rata no ha podido ser fotografiado. La única prueba tangible la tienen las supuestas cámaras de la misma reserva. Y por ahora, no hay indicios de que sean cedidas para su difusión.

Caballito

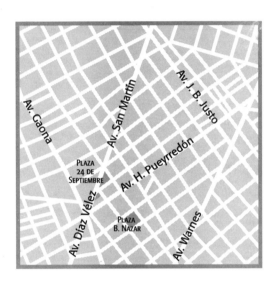

Carlos P.: "El loco es el personaje del barrio. Yo no lo vi nunca, pero dicen que no deja un afiche sano".

Hugo M.: "El tipo arranca todos los afiches y publicidades que encuentra pegadas. Busca en todos lados: en las fachadas de las casas, en los teléfonos públicos, en los postes de luz. Lo vi sólo una vez, desde muy lejos. Estoy seguro que era él, estaba arrancando una papeleta del palo de un semáforo. Además lo reconocí porque llevaba al perrito".

Julio L.: "Para mí es uno de los tantos linyeras que se juntan en la iglesia. Anda siempre con un perrito cachuzo. Este barrio está lleno de locos. Me pareció verlo un par de veces, pero me crucé de calle para esquivarlo. Los linyeras me ponen nervioso. Y los linyeras locos, ni te cuento. Mi viejo dice que a veces se lo cruza en la calle y charla con él. Pero mi viejo también está loco".

Así se suceden los primeros testimonios en el barrio de Caballito. Todos muy parecidos entre sí: gente que dice conocer al loco de los carteles, pero, o tienen la impresión de haberlo visto desde lejos, o jamás lo vieron y alguien les contó. O sea, los típicos rasgos de una leyenda urbana.

Ahora bien, no se hacen esperar otros testimonios más interesantes, que pretenden explicar la existencia del loco y las causas que lo llevaron a su meticulosa y rutinaria labor.

Mercedes C.: "El pobre tipo perdió a su perro. Hace mucho de esto ya. Unos treinta años diría yo. Mi mamá cuenta cómo aquel hombre, que según ella era vecino suyo, buscaba al pichicho todos los días, llorando por las calles del barrio".

Algunas personas nos sorprendieron con el alto nivel de detalles que, con respecto a este primer dato, afirmaban saber.

Palmira G.: "El tipo, hace mucho, tenía un boxer. Ustedes vieron cómo son los boxer, si uno no les enseña de chiquito son muy asustadizos. Y bueno, a éste lo asustó un petardo y se escapó".

Supusimos que este comentario del petardo había sido incorporado arbitrariamente por la entrevistada, convirtiendo una opinión personal en un elemento real de la historia. Ésta es una contaminación clásica que sufren los mitos con el ir y venir de boca en boca.

Sin embargo, nos encontramos con un testimonio que parece tener cierta relación con el comentario de *Palmira G.*, aunque también existe la posibilidad de que se trate de una simple coincidencia. Aun así, vale la pena citarlo.

Francisco Q.: "Dicen que el loco tuvo en un tiempo un puestito de pirotecnia. Y que por aquellos años ya le decían *loco*; pero era *el loco de los cohetes*".

De "el loco de los cohetes" a "el loco de los carteles" hay

un camino fonético muy corto. Y más teniendo en cuenta la ya nombrada deformación que ocasiona la transmisión oral del mito.

Pero dejemos los cohetes por el momento y retornemos al testimonio de *Mercedes C.*, quien nos entregó una de las más completas versiones de la historia del loco de los carteles:

"Mi mamá cuenta cómo aquel tipo, después de un par de semanas sin noticias de su mascota, empapeló el barrio con afiches en donde se mostraba la foto del perro y la recompensa para la persona que lo encontrara. Pero el pichicho jamás apareció. Mi mamá dice que, todos los días, el pobre hombre recorría las calles despegando los avisos nuevos que tapaban los afiches con la foto de su perro".

Al igual que Mercedes (¿o deberíamos decir su mamá?), muchos dicen que así, de pura tristeza, se volvió loco el loco de los carteles; continuando con su labor hasta el día de hoy, buscando liberar sus viejos avisos de nuevas publicidades. Sus viejos avisos que ya no existen.

Además, esta versión explicaría por qué se lo ve al loco acompañado siempre por un perrito: algunos dicen que de esa manera no extraña tanto a aquel perro que perdió hace tiempo; otros, en cambio, dicen que al no tener ya dinero para una recompensa, el loco piensa entregarle, al alma solidaria que encuentre a su amada mascota, el "perrito cachuzo" que lo acompaña.

Todo parecía encajar. Quizás el mito no era mito. Quizás el loco existía y vagaba por las calles de Caballito buscando a su fiel amigo cuadrúpedo, desaparecido años atrás.

Pero, como dijimos en un comienzo, nos llamaba la atención que no hubiera personas que declararan haber visto cara a cara al loco de los carteles. Porque, si bien esto no descartaba definitivamente la posibilidad de mito, al menos la tornaba dudosa.

Fue este "olor" a leyenda urbana el que nos llevó a rastrear el posible origen de la historia del loco de los carteles. Y para esta investigación fue crucial el siguiente testimonio de uno de los entrevistados. Un hombre que parecía conocer el recorrido diario de nuestro personaje.

Augusto D.: "Mirá, dicen que sale caminando del pasaje El Alfabeto, agarra Honorio Pueyrredón derecho, hasta el monumento del Cid Campeador. Ahí no sé qué vuelta pega, pero lo ven aparecer por atrás de la iglesia vieja, esa que esta sobre Gaona. Un par de compañeros de laburo dicen haberlo visto unas cuantas veces descansando en las escaleras de la iglesia. Y ahí termina su caminata. Después se va y desaparece con su perrito sarnoso, uno que lo acompaña siempre".

Fuimos hasta la iglesia que nombró Augusto, recordando las palabras de otro entrevistado: "Para mí es uno de los tantos linyeras que se juntan en la iglesia". Al llegar vimos algunos linyeras en aquellas escaleras santas, pero ninguno llevaba un perrito cachuzo. Les preguntamos si conocían al loco de los carteles. Nos dijeron que no, que nunca lo habían visto, que si nos sobraban algunas monedas. Hablamos con uno de los curas del templo (que nos pidió que no diéramos su nombre), pero desconocía la historia. "Mira, hijo, yo hace cuarenta años que estoy en esta parroquia; y acá se juntan siempre estos vagos, cualquiera de los que están ahí —dijo señalando al grupo de linyeras— puede ser la persona que buscan. Ustedes saben cómo es esta gente, andan tomados todo el día; ese vino barato, ese que viene en cajita, los pone a todos locos".

Al no hallar nada interesante en el supuesto "final de recorrido" del loco, decidimos probar suerte en el "comienzo": El Alfabeto.

El pasaje, misteriosamente llamado El Alfabeto, nace a unos metros de la esquina que forman las avenidas Honorio Pueyrredón y Juan B. Justo, en el barrio de Villa Crespo. En el mismo pasaje y en sus inmediaciones no parecían saber mucho más que la gente de Caballito con respecto al loco de los carteles. Pero lo que sí conocían era una especie de cuento tradicional, una interesante fábula barrial.

Este relato cuenta la historia de un hombre que, en circunstancias misteriosas, pierde a su amada. Desesperado, la busca por todos lados. La muchacha jamás aparece y él muere, cansado y triste, tendido sobre la vereda. Entonces, un perro vagabundo olfatea al hombre, justo en el momento en que el alma abandona el cuerpo. El espíritu del amante fallecido no deja nuestro mundo, sino que pasa al cuerpo del perro, que continúa con la búsqueda inconclusa. Es así como, en el barrio, a cualquier perro que olfatee a alguna señorita se lo identifica con el que fue poseído en la fábula del amante.

Tenemos, por lo tanto, un hombre buscando desesperadamente a un ser querido que se ha extraviado. Y también tenemos a un perro.

¿No será entonces el mito del loco de los carteles una

mutación de este cuento barrial? ¿Cuánto puede demorar la transmisión de boca en boca para convertir al perro poseído en el perro perdido, y al amante fallecido en nuestro loco?

Además, la fábula parece estar aún mas relacionada si tenemos en cuenta que nos topamos con ella en las inmediaciones de El Alfabeto, en Villa Crespo, barrio que limita con Caballito; y más aún todavía cuando recogimos testimonios de personas que señalan al pasaje como el lugar donde supuestamente se tendió para morir el amante del relato.

Nuevamente, ¿cuánto tiempo le tomaría al boca en boca transformar el lugar de la muerte del protagonista de un antiguo cuento barrial en el "comienzo de recorrido" del protagonista de un mito relativamente nuevo?

Un último dato: se dice que el pasaje El Alfabeto fue, hace muchos años, un lugar que, en ciertas fechas festivas, se llenaba de puestos ambulantes de pirotecnia.

Esto nos trajo a la memoria el testimonio de *Francisco Q.*: "Dicen que el loco tuvo en un tiempo un puestito de pirotecnia. Y que por aquellos años ya le decían *loco*; pero era *el loco de los cohetes*". Y como habíamos dicho, de "cohetes" a "carteles" hay un corto camino.

¿No será, entonces, esta última coincidencia, prueba de la relación existente entre la fábula del amante y el mito que investigamos?

Quizás alguno de estos antiguos vendedores de fuegos artificiales del pasaje El Alfabeto, era ducho en contar historias. Y una de las que más contaba era la "fábula del amante muerto y el perro poseído". Quizá, cuando este narrador murió, otras personas continuaron divulgándola.

Quizás, antes de comenzar el relato, dirían algo así como "... y ahora les contaré lo que tantas veces nos relató *el loco de los cohetes*". Quizá, luego de un tiempo, *el loco de los cohetes* pasó del prólogo de la historia a integrar la historia misma, y se convirtió en *el loco de los carteles*; así como el perro poseído se convirtió en el perro perdido, y...

O no. Quizás el loco de los carteles sólo sea un linyera más, que se pasea con su perrito sarnoso por las calles de Caballito.

Quizá.

Constitución

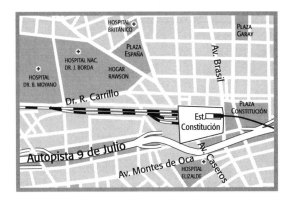

E. T. llama a casa

En la película *Hombre mirando al sudeste*, el cineasta argentino Eliseo Subiela nos muestra las desventuras de un personaje sumamente extraño, llamado Rantés, que afirma ser de otro planeta, un enviado para conocer a los humanos. El hombre parece decirlo en serio, demasiado en serio, tanto que por eso se encuentra en un manicomio. Lo más interesante es que, todas las tardes, Rantés se para en un sector determinado del patio del neuropsiquiátrico. Y así se queda un buen rato. De esta manera, afirma, transmite y recibe información de sus compatriotas. (Existe una película posterior, de origen norteamericano, con una trama muy parecida a *Hombre mirando al sudeste*. El filme se llama *K-Pax* y está basado en el libro, que lleva el mismo nombre, escrito en 1995 por el psiquiatra Gene Bowler.)

¿Esta historia fue totalmente inventada o se basa en un relato anterior?

Casualidad o no, existiría un antecedente ocurrido en el propio Hospital Neuropsiquiátrico José T. Borda, ubicado en el barrio de Constitución.

La información que manejábamos estaba fragmentada,

algo habitual en el imaginario mítico. Pero esta vez se nos presentó compleja desde el inicio, porque ¿a quién entrevistar que tuviera cierto grado de credibilidad?

Nos había llegado un rumor acerca de una persona que había ingresado al Borda llevada por la policía. La versión de la fuerza aseguraba que habían encontrado al "sujeto masculino NN" intentando subirse al Obelisco. La versión del que por ahora seguiremos llamando NN, era que estaba *arreglando desesperadamente el faro* —refiriéndose al Obelisco— *para permitir la "disgregación de apertura"*, es decir, para guiar naves extraterrestres en sus maniobras de acercamiento a la ciudad de Erks (a esto nos referiremos con detenimiento más adelante).

Con estos datos decidimos hacer una recorrida por el neuropsiquiátrico. Mientras subíamos la amplia escalinata, no pudimos evitar pensar: "¿Podré irme de acá? ¿No me dejarán adentro confundiéndome con un interno?". Nuestras dudas se disiparon enseguida. En un pequeño salón, que funciona como mesa de entradas, entregamos nuestros documentos de identidad y nos dieron una tarjeta que decía "Visitante".

Entramos con la excusa de hacer un trabajo práctico sobre el trato a los internos para la carrera de Ciencias Sociales. Al principio, los pacientes nos confundían con médicos, o nos pedían cigarrillos. Por fin, conseguimos hablar con un enfermero que había escuchado algo acerca del asunto que investigábamos y nos facilitó el nombre de una persona que podría sernos útil. El nombre era el de un psicólogo, al cual nos referiremos como *Ariel F.*

—Es un caso relativamente conocido —afirmó Ariel—. Por lo que sé, el interno decía que había quedado atrapado en esta dimensión para arreglar lo del Obelisco y por ese motivo él estaba visible, aunque sólo por un tiempo.

"Tengo entendido que le hicieron varios estudios, como es lógico. Solaris, como empezaron a apodarlo los otros internos, parece que tenía hábitos extraños, inclusive para los estándares normales. Sus *fiestas energéticas,* como las llamaban, empezaron a hacerse famosas en todo el neuropsiquiátrico.

"Algunos recuerdan a este personaje. Hay un interno, un viejito que lleva más de treinta años acá, que dice que Solaris va a volver en cualquier momento. Me señala una estrella (aunque siempre me señala una diferente) y dice que en el *Día de la Revelación* él vendrá a llevarlo.

"Según lo que pude averiguar, porque en el hospital nos aseguran que no quedó ninguna foto, las pocas que tenían estaban veladas, el aspecto de Solaris era extraño de verdad. Muy delgado, ojos grandes, totalmente lampiño y un color de piel muy blanco, casi transparente.

Después de esta charla, nos hizo escuchar una supuesta grabación informal que había realizado con internos que formaban parte del plantel de Radio La Colifata, una radio de baja potencia en cuyas producción y animación los internos participan activamente. (Este esfuerzo ha tenido una repercusión tal que se lo ha mencionado en *The New York Times,* entre otros medios.)

En esa grabación estaban *Mariana,* interna experta en temas astrológicos, *Félix,* "corresponsal del cielo", especialista en temas esotéricos, y *Eduardo,* dedicado a temas de política. Para no extendernos demasiado, reproduciremos sólo la parte que nos interesa:

—Quiero hablarles de un tema —dice Ariel—: Solaris. ¿Alguien se acuerda de él?

Hay un silencio. Después se escucha un silbido, aparentemente de Félix, que toma la palabra.

—The Chamacos dicen que no es de este mundo —Félix sostiene que en el cielo no hay dolor, sólo "The Chamacos", una conjunción entre ángeles y músicos con los cuales él asegura tener conexión directa—. Es un marcianito que nos visitó y se las picó, arregló la navecita, la que dejó al lado del tanque de agua ese de arriba, y se fue.

—Yo quise hacerle la carta natal —interviene Juliana, quien asegura entre otras cosas ser la esposa del jugador Hernán Crespo—; me dijo que no nació acá. Intenté leerle las manos, pero las tenía más lisas que el culito de un bebé, ni una línea, te lo juro, Ari. Eso sí, tenía un aura increíble, mucha energía.

—Hablando de aura y esas cosas, ¿qué sabés de las "fiestas de la energía"? —le pregunta Ariel.

—Eso no lo vi, acordate que estuve acompañando a Hernán en una gira europea. Te puedo decir que a los compañeros les hacía muy bien.

—¿Cómo eran las fiestas?

—Se juntaban en el jardín más grande, muy temprano, porque decía Solaris que los rayos de la mañana son menos dañinos, y tomaba a algunos compañeros de la mano y empezaba a entonar una canción rara, un mantra. Llegaba a haber más de 50 personas tomadas de la mano, parece que les hacía a todos mucho bien.

—The Chamacos me dicen lo mismo —agrega Félix—;

es como un arco voltaico de energía cárnica, un canaliza-dor supino de fuerza.

—¿Y vos, qué opinas? —le pregunta Ariel a Eduardo que hasta el momento permanecía callado.

—Tengo datos confiables —dice muy seguro— que era un espía de la SIDE (Secretaría de Inteligencia del Estado). Vino a observar todo. Total, ¿quién va a sospechar? Y se fue porque lo asignaron a otro lado, es simple. Me dijeron que cuando hablaba siempre se agarraba una oreja como si es-tuviera transmitiendo una información. No me venga con que era un marciano. Bien de la Tierra era.

—A lo mejor tenía pulgas —dice Juliana.

—La información que tengo es bien seria —replica Eduardo—. Hay documentos, che. Lo que pasa que el loco ese de Fabero —refiriéndose a otro interno— se tragó la mi-tad. Habría que abrirle la panza.

Las voces de los supuestos internos "sonaban" sinceras, sin embargo nadie nos garantiza la veracidad de la graba-ción. Puede tratarse del plantel de La Colifata, como nos se-ñaló Ariel, o bien de una conversación absurda entre un grupo de bromistas

Ahora bien, para recabar información que apoyara una teoría "alienígena" recurrimos a una verdadera autoridad en la materia, que mantendremos en el anonimato. El que sigue es el resumen de una serie de mails, que el especia-lista nos envió con respecto a nuestro mito:

"¿Qué es ERKS? Una ciudad intraterrena, es decir, una ciudad que está debajo de la tierra, aproximadamente a unos 500 metros de profundidad física, por la cual se accede a través de un portal multidimensional. Estamos hablando de energía que fluye en forma permanente. ERKS significa: Encuentro de Remanentes Kósmicos.

La ciudad se ubica en el cerro Uritorco, cerca de la localidad de Capilla del Monte, en la provincia de Córdoba.

Aparentemente, al lugar siempre se le atribuyó una capacidad energética especial. Los antiguos habitantes de la zona, los indios comechingones, dan testimonio de ello.

Esta ciudad la poblarían varios grupos de seres humanos muy antiguos, que han evolucionado espiritual y energéticamente de una forma impresionante. Estos hombres, a su vez, se comunican con otras razas extraterrestres de forma evolucionada, seres de luz en sus naves también energéticas.

Ustedes me preguntan por el tal Solaris. Si bien no tengo datos muy precisos, pertenecería a una de las razas que se llaman "Hermandad Blanca", seres humanos que evolucionaron de una forma distinta y más rápidamente que la nuestra. No creo que fuera un alienígena, no veo demasiado sentido a su misión. En cambio, sí uno de los de la "Hermandad Blanca".

Hubo una gran reunión en las ciudades intraterrenas locales. Éstas se acoplaron formando un corredor subterráneo muy amplio. Entre ellas se encontró la poderosa ERKS de la zona de Salto, Uruguay, la mayor de todas. Este acontecimiento ocurrió a mediados de los ochenta. No es improbable que se hayan colocado boyas o faros energéticos para guiar a los viajeros."

Volvamos a comentar algo acerca de las "fiestas energéticas", ese momento de la mañana en que nuestro personaje sanaba a los internos. De allí le vendría el apodo de Solaris. Hay testimonios que acreditan que mientras recitaba un mantra, este individuo parecía iluminarse por la luz solar, y los internos sentían un calor que los llenaba de vitalidad.

En los datos que fueron facilitados por un profesional médico —a quien nos referiremos en breve—, Solaris daba una explicación al respecto:

"Somos materia y energía y esa energía vibra a una determinada cantidad de ciclos por segundo. Cuantos más ciclos por segundo, más evolución. Si pensamos que un hombre de Neanderthal poseía unos 7.000 ciclos y el hombre actual entre 30.000 y 40.000, nosotros —refiriéndose a su raza— superamos ampliamente esa cifra. Hay otros razas planetarias humanoides que están en los 5.000.000 de ciclos, por eso son seres de luz con escasa materia".

En una segunda visita al neuropsiquiátrico, nos entrevistamos con un profesional —cuyo nombre nos fue proporcionado por *Ariel F.*—, que había hecho una investigación muy completa de Solaris.

Antes de revisar el testimonio de este doctor, al que llamaremos *Ricardo B.*, queremos aclarar que no llegó a conocer a Solaris, tampoco forma parte del plantel del Borda, pero se interesó en el tema, hasta el punto de elaborar un trabajo cuyo título era: "El caso alien, un paciente en fuga".

—Nunca lo publiqué —explicó el profesional—, porque me encontré con problemas que, digamos, embarraban la claridad del caso. De todas maneras, no me quedan dudas de que el paciente sufría una patología severa. Como no lo traté personalmente, no podría ir más allá, pero revisando todos los registros queda bien claro que el paciente *creía* lo que decía. El origen de la patología podría deberse a un hecho sumamente traumático ocurrido en algún punto del desarrollo de su personalidad, del cual el sujeto *fugó* a otra realidad. O sólo padecía una esquizofrenia típica y prácticamente irrecuperable.

Le preguntamos por qué el paciente no tenía ninguna identificación.

—Por lo que pude indagar, el paciente era extranjero, de origen nórdico. Eso explicaría también su aspecto pálido, lampiño, gringo, digamos. Y un dato más relevante: el paciente sufría hipertiroidismo, eso quiere decir que su glándula tiroides quemaba grasas desmesuradamente, entre otras cosas. El rasgo más visible de esta enfermedad es que los ojos se vuelven saltones, algo desorbitados, aparecen como agrandados. Eso explicaría ese modelo tipo E.T. Además, siempre buscaba la luz solar porque la pérdida de calor produce al enfermo una sensación de frío casi permanente. De todas maneras, comía poco.

Planteamos nuestras dudas; parecía demasiado poco material para calificar al caso diferente de los de otros "alucinados".

—Es cierto, pero no se olviden que los tests de inteligencia dieron muy altos. En los de personalidad se manifestaba el problema. Cuando los colegas (ninguno de ellos sigue trabajando en el neuropsiquiátrico) intentaban penetrar en aspectos personales que identificaran afectos, deseos y otras características comunes, hallaban una barrera impenetrable. El paciente sostenía que él formaba parte de un todo, que no tenía padres y que eso había sido parte de su evolución. De ahí mi teoría acerca de un terrible trauma que haya provocado la construcción de ese mundo paralelo.

"Hace unos años, unos administradores decidieron tirar historias clínicas viejas, pero tuvieron la decencia de dejar una pequeña caja donde encontré algunas cosas del paciente alien. Decidido a demostrar que era un caso clínico, la pedí. En la caja había, además de su ficha, fotos que estaban o veladas, o movidas. La cuestión es que en ninguna se lo distingue bien. No entiendo por qué las guardarían. También contenía revistas del estilo *Hora Cero* o *Cuarta Dimensión*, especializadas en contactos extraterrestres y afines, todas marcadas con dibujos y esquemas hechos por él. Y un cuaderno con inscripciones en un idioma no identificado que hice analizar por un lingüista inclusive. Lo increíble es que no son escritos al azar. Tienen estructura y coherencia. Con la grafología no avancé. Al no tener rasgos distinguibles, no se pudo hallar ningún patrón. El único detalle fue la presión ejercida sobre el papel. Según el experto, mostraba determinación. La misma que mostró al irse de acá.

Le pedimos que ampliara la información, mientras recorríamos los pasillos centenarios del Borda y uno de los jardines, donde presuntamente Solaris hacía sus "fiestas energéticas".

—El paciente decía que estaba en el neuropsiquiátrico temporalmente, que, después de cumplir con sus misiones y recargar su energía, volvería a donde pertenecía. Ustedes saben lo del Obelisco. Bien, su segunda misión era recoger información de los "locos", porque según él éstos están en estado puro. Decía que la energía que fluía por sus cuerpos no estaba manchada de pensamientos mal intencionados, inclusive justificaba a los internos violentos. De más está decir que en su presencia todo era armonía. Las peleas se terminaban y todos le prestaban atención. Ni qué hablar con lo de las "fiestas".

"Solaris decía que se iba a ir ese verano. Quiero dejar en claro que esto no es una cárcel y, salvo casos excepcionales, los pacientes andan libres por el Neuro. Algunos internos dijeron que un rayo de luz se lo llevó. Yo lo atribuyo a la distracción de los enfermeros. Se fue un 25 de diciembre. Los festejos, en fin... pero hay un dato más que hace a este caso "particular": el grupo sanguíneo. Como había problemas para identificarlo se le hicieron varias extracciones; todas arrojaron que el grupo no encajaba con ningún patrón conocido. En la actualidad se identificó una rarísima enfermedad que se llama síndrome de Peltzer en la que el paciente "deforma", por así decir, su grupo sanguíneo —generalmente de tipo universal— por causas atribuidas a una situación de alto estrés o relajación total. Es una explicación, pero...

Dejamos al doctor con sus dudas y abandonamos el neuropsiquiátrico. Las mismas escenas de la entrada se repitieron al salir (ya nos había pasado la primera vez): el alivio de recibir nuevamente nuestra documentación, al aire fresco de un mañana primaveral, el lejano murmullo de los trenes que van y vienen de la Estación Constitución. Y la sensación de incertidumbre.

La historia del Borda no es única. ¿Qué estarían sugiriendo, entonces, los relatos similares recogidos en sanatorios, geriátricos y hasta guarderías infantiles? Algunas personas hablan, directamente, de una invasión alienígena. Otras, de la necesidad latente en los seres humanos de no sentirse solos en el cosmos.

También existen especialistas que reconcilian ambas opiniones. Lo que ellos sostienen no deja de ser interesante. "Es el comienzo de una invasión", dicen. "Nos amansan mentalmente creándonos la necesidad de una visita extraterrestre, para luego descender de los cielos, como Dios, aclamados por la humanidad toda. Como la serpiente, estudiando la dentellada fatal en el cuello del ratón hipnotizado."

San Nicolás

Nadie sabe con certeza de dónde vino ni cuál fue el día exacto de su aparición, pero casi todos coinciden en que llegó a Casa de Gobierno promediando el segundo mandato de Carlos Saúl Menem; y desde entonces ha cautivado prácticamente a toda persona que transita los pasillos del edificio presidencial.

Hablamos de Felipa, la gata negra que vive en La Rosada. Y es alrededor de esta gata que se ha forjado un interesante mito, basado en el supuesto misterio que esconde la verdadera naturaleza del felino.

Diego R. D. (periodista acreditado en Casa de Gobierno): "Cuando Felipa te mira no parece un gato común; sentís como si te estudiara, como si leyera tus pensamientos. Casi todos los que estamos acá la queremos. Pero nunca falta algún supersticioso que le tenga miedo. Esos tipos ni la tocan, porque dicen que, además de ser negra, a la gata la dejó Menem, y como 'el patilla' es yeta, el animal también. Hasta llegaron a decir que Menem dejó a Felipa a propósito, para que la yeta de la gata no permita que, de aquí en más, ningún presidente termine su mandato".

Y no es solamente la mirada intimidante y calculadora

del felino lo que alimenta los rumores de que es "algo más que un simple gato", sino que ciertos acontecimientos sospechosos darían fe, según algunos, de sus extraordinarias habilidades.

El viernes 9 de enero de 2004 se produjo el último y quizás el más importante de estos hechos.

Aquel día personal del Movimiento Argentino de la Protección al Animal (MAPA) acudió a Balcarce 50 (Casa de Gobierno) para desalojar definitivamente a Felipa. Esto fue lo que dijo la gente de la institución protectora con respecto a su repentina visita a la sede gubernamental (extraído textualmente del diario *Crónica* del 10 de enero de 2004):

Nos haremos cargo de la gatita, en caso de que haya algún problema con ella. Vinimos a llevarla en adopción para que esté más protegida y con sus pares. Estamos esperando para ubicarla, debe andar por algún rincón o por los techos.

Pero llegó el mediodía y ni rastros de "la gatita"...

Nos vamos porque no la encontramos, dejamos una jaulita y después volveremos, si la encontramos la llevamos.

Pero cuando un grupo de defensores de Felipa pidió explicaciones, la gente de MAPA, antes de irse, tuvo que dar más detalles de las causas del desalojo felino:

...sabemos que tiene problemas, está muchas horas abandonada, desprotegida, y necesita algunos cuidados que aquí no puede tener. También hay aquí mucha gente a la que no le gustan los gatos negros, porque son supersticiosos y porque creen que traen mala suerte, entonces maltratan a estos animalitos.

Así, el personal de la protectora se retiró... y ya no volvió. ¿La razón? Un hecho inaudito: el mismísimo presidente de la Nación Néstor Kirchner autorizó a la gata Felipa a quedarse a vivir en la Casa Rosada.

¿Dónde estaba la gata mientras la gente de MAPA la buscaba minuciosamente? ¿Qué pudo provocar semejante reacción del Presidente? Algunas de las respuestas que se dieron a estas preguntas no hicieron más que alimentar el mito:

Marcelo M. (periodista acreditado en Casa de Gobierno): "Esa gata no es de este mundo: primero se esconde porque sabe que la vienen a buscar para llevársela, y justo después que los tipos de MAPA se van, Felipa aparece lo más pancha, como suponiendo lo del permiso que le iba a otorgar el propio Kirchner. A mí nadie me saca de la cabeza que mediante alguna telepatía felina o algo así, convenció al Presidente para que diera semejante anuncio. Si Néstor hubiera actuado sin la interferencia mental de Felipa, se habría acordado de eso que dicen, que mientras esté la gata en el edificio no habrá presidente que terminé su mandato; entonces habría dejado que los de MAPA se la llevaran".

Y no sólo los periodistas sospechan de la normalidad de Felipa. Personajes del lugar, como un lustrabotas, nos aseguró: "Para mí, la gata desapareció, así como les digo. Hay gente que dice haberla visto desaparecer delante de sus propios ojos. Cuando este bicho se huele algún quilombo, chau, no está más, se hace invisible. Eso fue lo que hizo cuando vinieron a llevársela: de-sa-pa-re-ció".

Pero antes de analizar el caso de Felipa, hagamos un poquito de historia.

Sea por su personalidad ambigua y misteriosa, sea por

su mirada perturbadora e hipnotizante, el gato fascinó desde siempre al hombre, y esta fascinación se vio reflejada en la gran variedad de mitos y leyendas en los que se lo integró.

Se han encontrado evidencias de que ya en la ciudad de Jericó, hace 9000 años aproximadamente, se le dedicaban al gato representaciones pictográficas.

En la Europa de la Edad Media se vinculó al gato con brujos, y se lo relacionó con seres diabólicos. En esta época nacieron los mitos felinos más oscuros, entre ellos el de la desgracia atribuida a los gatos negros.

En cambio, en el antiguo Egipto la adoración a los gatos creció tanto que provocó la creación del culto a la diosa Bastet, representada con cuerpo humano y cabeza felina. Y quizás allí, en la tierra de los Faraones, encontremos, salvando las distancias, cierto paralelismo con el mito de Felipa.

Profundicemos un poco: ¿de dónde nació la adoración del pueblo egipcio hacia los gatos? Existen documentos antiquísimos que narran cómo, hace unos 5000 años, un gran número de gatos se acercó a los graneros egipcios, debido a la cantidad de roedores que allí se escondían. Ocurrió entonces que los predadores saciaron su hambre, pero a la vez, sin quererlo, eliminaron la plaga que amenazaba las cosechas. De este modo los hombres consideraron la llegada de los gatos como un envío divino. He aquí el punto de partida que terminó provocando, en Egipto, la creciente devoción a los felinos, hasta el punto de alcanzar el grado de culto.

En síntesis, unos cuantos gatos que buscan comida son convertidos en mensajeros de los dioses. Es decir, un hecho totalmente natural es el origen de un mito.

Felipa, al igual que los gatos "salvacosechas", habría llegado por necesidad a la Casa Rosada: techo y comida. ¿Y qué la convirtió en mito? No creemos que haya sido su apetito por los roedores, como ocurrió con sus hermanos hace 5000 años (aunque dicen que desde que ella llegó las ratas no son tan numerosas). No, quizá se trate de su color. Y de que tal vez haya ocurrido algo durante sus primeros días de huésped, algo que fue interpretado de manera tal que disparó la leyenda, algo que se perdió en el olvido... o que quisieron que se perdiera. Algo que se silenció.

¿Serán ecos de aquel acontecimiento olvidado los débiles rumores que hablan de los gritos de una niña que se escuchaban hace unos siete u ocho años en la Rosada, y que nunca fueron identificados?

¿Será esta niña y su historia sepultada la que lanzó a la categoría de "criatura poderosa" a la gata Felipa?

No lo sabemos, y tal vez nunca lo hagamos; pero una posible relación entre aquellos gritos y el felino nos la sugirió otro personaje de Balcarce 50. Tuvimos la fortuna de encontrarlo, ya que dicen que es el más misterioso de todos, el que menos se deja ver. "¡¿Pudieron hablar con él?!", nos preguntó uno de los agentes de seguridad. Cuando le respondimos afirmativamente nos dijo: "Muchachos, o ustedes tienen mucha suerte o el tipo necesitaba decirles algo".

El personaje en cuestión es el Relojero, así lo conocen todos, pues, al parecer, ésa es su ocupación: poner en hora todos y cada uno de los relojes del edificio. El hombre aparenta no menos de 70 años, y está siempre apurado. A nosotros tampoco nos reveló su verdadero nombre, pero no dudó en entregarnos su testimonio, un testimonio "extraño", como dicen que es él:

"Lo recuerdo muy bien, los gritos se oían a las 10.34 de la mañana, todos los días. Era un lamento, una súplica. Pero todo terminó cuando llegó esa gata, el séptimo animal del ciclo."

Le preguntamos a qué se refería con esas últimas palabras. El Relojero nos respondió:

"Todo es parte de un ciclo, de un plan maestro. Estamos dentro de un Universo cíclico, un Universo que empezó con una explosión, y que ahora se expande para luego contraerse y explotar de nuevo. Todo lo que habita dentro del Universo está atrapado en este ciclo. Nuestra propia existencia es una réplica en miniatura de éste. Investiguen, analicen y verán que cada suceso, desde el suspiro de una pulga hasta la colisión entre galaxias, es parte de un círculo vicioso, interminable, hermoso. La aparición de la gata es el comienzo de la séptima fase del ciclo de los animales, acá, en Gobierno. ¿No oyeron hablar de los otros animales que vivieron en este lugar? Antes que Felipa estuvo Poli, el ovejero. ¿No escucharon nada acerca del siniestro cuervo de López Rega? En algún sótano aún se guarda la abollada jaulita donde aquel ave maldita vivió sus últimos días ¿Por qué creen que le decían 'el Brujo' a López Rega? Y antes del cuervo hubo otros especímenes, cada uno con una misión que cumplir. Creo que el primero fue un gato también, pero no estoy seguro, eso fue hace mucho tiempo."

La palabra "tiempo" pareció alertar al Relojero y, como si se tratara del conejo de *Alicia en el País de las Maravillas*, miró inmediatamente su reloj de pulsera (¿lo imaginamos o realmente tenía más de un reloj en la muñeca?), se disculpó y se fue corriendo por uno de los pasillos del edificio gubernamental.

A favor de los que creen que Felipa es "algo más que un gato" puede comentarse el dato de color que remató los hechos de aquel 9 de enero de 2004, el día que Kirchner "indultó" a la gatita: muchos de los que culminaban la jornada en Casa de Gobierno fueron, sin perder un minuto, a alguna agencia de quiniela para apostar por el 5 (el gato en la jerga del juego). Y bien que hicieron. El 5 salió a la cabeza del sorteo nocturno de la Quiniela Nacional. "Fue Felipa", dijeron después, "con sus poderes nos está agradeciendo a todos los que la bancamos".

En cambio, a favor de la teoría de que Felipa es una gata común, y que por algún suceso mal interpretado del pasado, así como por su color, la gente terminó alimentando una leyenda respecto de su verdadera naturaleza, podemos decir que existen testigos que aseguran haber visto, aquel 9 de enero, cómo personal de Casa de Gobierno escondía a Felipa en la oficina de taquígrafos justo antes de que la gente de MAPA llegara a La Rosada.

Esto eliminaría la supuesta "desaparición sobrenatural" de Felipa.

¿Una gata o algo más que una gata? Un mito.

PARTE V
Leyendas sobre leyendas

Abasto

Qué sería de Buenos Aires sin Gardel, y viceversa. Una relación simbiótica tan fuerte como real.

El Zorzal es el mito entre los mitos, el megamito por definición. ¿Cómo abordar semejante desafío y salir airoso? Carlos Gardel tiene entidad propia y no sólo a nivel nacional sino también mundial, como lo demuestra el hecho de que su voz haya sido declarada patrimonio cultural de la humanidad por la Unesco en 2003.

Repasemos. Tenemos un cantante carismático y de excelente voz. Le agregamos sus dotes de compositor y una probada intuición para elegir el repertorio adecuado. Por si esto fuera poco, surge en el momento de mayor popularidad del tango. Y como toda figura mítica que se precie de tal, cuando está en la cúspide de su carrera y es amado por todo el mundo, muere trágicamente en un accidente aéreo. Además, para completar un perfil de por sí atractivo, dos países (Argentina y Uruguay) se disputan su nacionalidad.

Hagamos un poco de historia. Gardel llega proveniente de Francia con su madre —soltera— durante la ola inmigratoria de 1893. Recordemos que Charles Romuald Gardes había nacido en aquel país el 11 de diciembre de 1890 en la ciudad de Tolouse.

Se instala en la ciudad rioplatense, toma sus costumbres y se amolda a su nuevo hogar rápidamente. Bebe a Buenos Aires y lo mismo hace la ciudad con él. Se nutren mutuamente. Y desde ese barrio de humildes trabajadores empieza a tejerse la leyenda.

Muy pronto, al "morocho del Abasto" le queda chico el barrio y canta en cuanto bar y café puede. Gardel patea toda la urbe. Desde el bajo Belgrano, pasando por el hipódromo (del cual era asiduo concurrente), y terminando en el barrio de la Boca. Buenos Aires y el Zorzal crecen juntos.

Después llegan las giras, las grabaciones (grabó unas mil canciones en toda su carrera), la fama y la consagración nacional e internacional.

Hasta aquella trágica tarde del 24 de junio de 1935.

Gardel era un suceso en todas partes: en Nueva York, donde acababa de filmar varias películas para la Paramount, entre ellas *Cuesta abajo* y *El día que me quieras*, y en Centroamérica y América del Sur, con su exitosísima gira que abarcaba un ambicioso y extenso recorrido que culminaría en Cuba.

La comitiva se encontraba en Colombia (donde Carlitos era reverenciado por sus seguidores) dispuesta a enfrentar la última parte de la agotadora gira. Ese 24 de junio por la mañana, se embarcan en un avión trimotor Ford 31 que parte al mediodía de Bogotá. Llegan al aeródromo "Olaya Herrera" de la ciudad de Medellín para cargar combustible. En las cercanías del lugar unas 20.000 personas se dan cita para despedir al cantor.

El avión comienza su ascenso por la pista. El ruido de la multitud se mezcla con el de la máquina a toda potencia. Algo pasa. Al principio, todos interpretan que el avión realiza esa extraña maniobra de escape como una forma de saludo, algo que ya habían hecho antes otros aviadores volando en círculo. Pero esta vez pasa demasiado cerca del piso, ¡demasiado! Todo el mundo ve asombrado cómo el F31 encara directamente a otro avión que espera pista. La colisión es inminente. Es un juego, piensan algunos. Sin embargo, cuando el choque y el inmediato incendio se producen ya nadie duda de la tragedia.

A las 14.56 del 24 de junio muere el hombre y comienza el mito.

Como en casi las tragedias, increíblemente algunos logran sobrevivir. Del avión en el que viajaba el Zorzal salen con vida y como llamas ardientes: José Plaja, ayudante y profesor de inglés de Gardel; Alfonso Azaff, presentador y publicista del cantor; Ángel Riverol, guitarrista; José María Aguilar, guitarrista, y Grant Yetman Flynn, tripulante.

Azaff y Riverol fallecen al poco tiempo debido a las quemaduras recibidas.

Si bien las emociones del momento nublan la razón, algunas declaraciones como las de José María Aguilar, son contundentes:

...si afirmo que Carlitos Gardel se habría salvado en caso

de seguir mi consejo es porque él debió viajar al lado mío. Pero
a Gardel le gustaba mirar el paisaje desde el avión...

Así como el relato del accidente:

...al chocar nadie se movió. Después, un ala del avión tri-
motor con el que habíamos chocado se introdujo en el F-31...

...las puertas que aislaban de la cabina no habían sido ce-
rradas, una lluvia de nafta nos bañó por completo. En un se-
gundo todos ardíamos...

...la ventanilla estaba como a dos metros y medio del suelo.
Me arrojé envuelto en llamas...

...conseguí sacar a Riverol y apagué sus ropas. Vi que apa-
recía Azaff, segundos más tarde apareció Plaja.

Pasó un minuto. Pensaba en todos pero me dominaba la
imagen de Carlitos.

No hubo otros síntomas de vida en el trimotor...

El guitarrista estaba convencido de que en ese avión iba
Gardel.

En este punto, el mito presenta dos alternativas igualmente atractivas. En la primera, aseguran que el Zorzal no
murió en el accidente pero sí que sufrió terribles quemaduras. Analicemos las posibilidades:

En la urgencia del momento, los heridos son transpor-
tados en forma caótica a un hospital cercano. Recurramos
nuevamente al testimonio de Aguilar:

...en un automóvil nos condujeron a un sanatorio. Hubo
que realizar grandes esfuerzos para abrirnos paso... [en medio de la masa de admiradores, que no salían de sus es-
tupor].

...en los primeros momentos fuimos atendidos deficiente-
mente. Después fui subido a una camilla de operaciones. Me
vendaron y me dejaron en el suelo mientras atendían a otros.

Oí decir: ¿Quién es éste? Aguilar, respondió alguien que había podido leer mi cédula de los restos de mi ropa quemada...

...inútil describir mi estado de ánimo. Horas más tarde se inició mi delirio. Éste se prolongó durante 25 o 26 días. Me contaron que llamaba insistentemente a Gardel y pedía mi smoking para trabajar...

Volviendo al momento del accidente, si bien entre los restos del avión se cree reconocer a Gardel por su vestimenta y hasta su dentadura, cabe la posibilidad de que lo hayan confundido con otro de los fallecidos, tal vez con José Corpas Moreno, asistente del Zorzal en esa gira. Imaginemos a nuestro ídolo en otro hospital y no en el mismo al que fueron a parar sus compañeros. Sin poder indentificarse, totalmente vendado. Imaginemos también que, algo recuperado, logra fugarse y retornar a Buenos Aires para pasar sus últimos años como un alma en pena, confundido en la noche porteña como otro fantasma de la ópera.

El rumor de Gardel vivo pero horriblemente desfigurado corrió muy fuerte, sobre todo en la década de los cuarenta. En un programa de televisión, la nieta del guitarrista Barbieri, Carmen, a su vez hija del popular cómico Alfredo Barbieri, confirmó ese rumor pero incluyendo a su abuelo.

Hay muchos datos que conspiran en contra de esta versión. Cuando encontraron el cuerpo del cantor, junto a uno de los motores, hallaron varios objetos personales que acreditaban la identidad del portador, es especial una cadenita de oro con su nombre y su domicilio. Sin embargo, esto nos lleva directamente a la segunda variante del mito.

La otra teoría es poco conocida pero no por eso deja de ser fascinante: el hombre que murió en el accidente no fue Gardel sino... su doble.

Pero ¿por qué Gardel necesitaría de un doble? La causa sería la enfermedad de Gardel: cáncer de pulmón. Es necesario tener presentes dos hechos importantes en la vida del Morocho. Uno es muy puntual. En el año 1915, en una gresca callejera, Carlitos recibió un balazo a quemarropa en el pulmón. Se salvó, pero la bala nunca pudo ser extirpada. El otro, su afición compulsiva al cigarrillo. La combinación de ambos habría contribuido a desencadenar la enfermedad.

Lo del doble lo habrían ideado el mismo Gardel y su manager y compositor Alfredo Le Pera. La idea se habría materializado antes de iniciar la gira por Latinoamérica con el objetivo de aliviar la exposición pública del astro argentino, para que se trasladara lo menos posible y sólo se dedicara a cantar. Además, a Gardel volar le producía pánico. Entonces, mientras su doble se demoraba en agasajos varios y otros eventos sociales, Gardel viajaría tranquilo y de incógnito en otros medios de transporte. El elegido fue un uruguayo de apellido Tabarez que se dedicaba a imitar a Gardel para ganarse la vida. El cantor lo habría conocido en uno de sus viajes por Montevideo. Se dice que Tabarez abordó un barco, con todos los gastos pagos, y a toda carrera viajó a Nueva York para unirse con el original.

Antes de seguir, hay que aclarar que, si bien hay muchísimas fotos que atestiguan la presencia auténtica de Gardel en los diferentes lugares, inclusive en el mismo aeroparque de Medellín, éstas no son prueba de que el Zorzal abordara el avión de la tragedia. Por otra parte, hay testimonios que acreditan —con la subjetividad del momento— la apariencia del Morocho en esa gira, como el de una tal Martha Cary, bailarina y periodista húngara: *"Parecía más joven y apuesto que nunca"*. De hecho, Tabarez era más joven y hasta más alto que el propio Gardel, que apenas superaba el metro setenta.

Después que se produce la tragedia, y con las obvias consecuencias psicológicas, Gardel habría viajado a Nueva York. Esto coincide con versiones que aseguran que "después de muerto" lo vieron en varios lugares de la Gran Manzana. Dicen que, posiblemente, se sometió a una intervención quirúrgica en la que le extirparon un pulmón, lo cual lo habría dejado totalmente disminuido. De incógnito, habría vuelto a Buenos Aires y vivido unos pocos años más.

Pero volvamos al principio de la teoría y a la evidencia de la cadenita identificatoria. Y aquí debemos exponer una hipótesis macabra aunque no descabellada.

Gardel, como buen porteño, era afecto a las bromas, y algunas bastante pesadas. ¿Puede ser que ese espíritu risueño, ese carácter casi infantil que lo acompañara toda su vida, lo salvara de la tragedia a la vez que lo condenara?

Como testimonio de una de sus bromas nos remitimos sólo a una, citada en las memorias del músico Francisco Canaro. En la gira que realizó Gardel por España, en Madrid, un lustrabotas le preguntó cómo hacía para mantener sus dientes tan prodigiosamente blancos y su cabellera tan perfectamente pulcra, el Morocho le recomendó entonces cepillarse los dientes con jabón y usar jalea de membrillo en el pelo. Al poco tiempo, volvió a encontrarse con el mismo lustrabotas y éste se quejó diciéndole que había probado con el jabón y le había producido vómitos, y con la jalea el pelo le quedaba fijo pero las moscas no lo dejaban en paz. El Zorzal imperturbable con su mejor sonrisa le contestó: "La falta de práctica, pibe".

La leyenda se completa diciendo que lo de la enfermedad era otra de sus bromas y que lo del doble lo había hecho para ver si sus compañeros de viaje se daban cuenta del engaño. Esto explicaría que Tabarez reprodujera hasta los mínimos detalles del cantor, como la famosa cadenita de oro con sus datos.

Esta variante del mito no ofrece más datos sobre lo que pudo haber pasado con Gardel.

Circulan unos versos de tango (la música no pudimos hallarla) que ilustrarían este mito:

> *Juguete oxidado*
> *Malabar de un destino fiero*
> *Vos jugaste Carlitos y la quetejedi te marcó*
> *Doble uruguayito de canelón no Tacuarembó*
> *Esa Parca que el Morocho engrupió a vos te fajó.*

La letra le es atribuida nada menos que a Enrique Santos Discépolo, uno de los mejores letristas del género junto con Enrique Cadícamo, y autor de tangos memorables como "Cambalache". Discépolo no sólo había conocido a Gardel; éste grabó temas de su autoría.

Este tango, que habría interpretado Tita Merello, dataría de finales de los años treinta y hace referencias muy explícitas al mito del doble del Morocho. Juega con la nacionalidad del malogrado doble, haciendo una broma al intercambiar la palabra canelón por Canelones, una localidad de Uruguay, y mencionando a Tacuarembó, supuesto lugar del mismo país, donde se atribuye el nacimiento del cantor para los orientales.

En cambio, en las memorias de su amigo y administrador Armando Defino no aparecen referencias a la teoría del doble. Inclusive, dedica numerosas páginas a la odisea de recuperar el cuerpo de su amigo y traerlo a Buenos Aires por expreso pedido de Berta, la madre del Zorzal. También es poco lo que puede sugerir el comportamiento de su madre, cuya rutina consistía en escuchar todas las veces que pudiera la música de su hijo, ver sus películas y visitar el Panteón de los Artistas, lugar donde fue ubicado el cuerpo —auténtico o no— de Gardel. Citamos nuevamente el testimonio del fiel Defino, quien, después de colocar una foto del ídolo cerca de la cama de doña Berta, escuchó varias veces que ésta murmuraba:

Pobre mi Carlitos. ¡Dios mío! ¿Cuándo me llevarás a su lado?

La madre sobrevivió unos ocho años a su hijo querido.

Si el mito del doble fuera cierto y realmente Gardel se hubiera salvado de la tragedia, no indica necesariamente que haya vuelto a Buenos Aires. Pero teniendo en cuenta el inmenso amor que profesaba a su progenitora, es difícil pensar que no deseara volver a verla. Por otra parte, cuesta creer que la anciana llevara a cabo semejante engaño.

Este misterio, por ahora, no tiene indicios de ser resuelto.

Entretanto, una película argentina de ficción, que apropiadamente lleva el título de *Sus ojos se cerraron*, cuenta la historia de un tal Renzo Franchi, un cantante que tiene un parecido asombroso con el Zorzal y aprovecha esa situación para imitarlo y con eso ganarse la vida. Los destinos de Renzo "Gardelito" Franchi y el verdadero Gardel se cruzan con insospechados resultados...

Pero como el tiempo no se detiene, tampoco las leyendas. Gardel es una fuente inagotable de nuevos mitos:

Fijemos la atención en un lugar específico: la propiedad de la calle Jean Jaurès 735, que Gardel compró en 1926. Cuando la madre del cantor murió, Armando Defino y su mujer, que se habían mudado con la anciana para hacerle compañía, permanecieron en la propiedad hasta 1946. Luego fue alquilada y finalmente vendida al inquilino en 1949. En 1971, esta histórica casa se convirtió en un local nocturno donde se bailaba tango. Se levantó el piso original y muchos otros detalles fueron modificados. Increíblemente, a partir de la década de los ochenta, la propiedad quedó abandonada. La casa que había albergado al "rey del tango" estaba prácticamente en ruinas. Finalmente, hace pocos años, el empresario Eduardo Eurnekian compró el lugar y luego lo donó a la Ciudad. El gobierno la reacondicionó y la reinauguró el 24 de junio de 2003. Al parecer, la tarea no fue fácil, pero no por problemas edilicios, sino por algunas "interferencias".

Cuando arribamos al que fue el hogar del Zorzal y de doña Berta, nos encontramos con una fachada posmoderna que no respeta en absoluto el estilo original. Se asemeja más a un restaurante reciclado que a una casa-museo. Adentro, el panorama no mejora demasiado. Por un pasillo corto accedemos a una sala muy despojada donde unos pocos objetos —que representan la época pero no pertenecen a Gardel— pretenden dar una supuesta ambientación. Custodia esta sala una inmensa foto del Zorzal sonriente y se mantiene el decorado original. Detrás de aquélla, hay un escritorio y luego un ambiente más bien alargado, que es el verdadero corazón espiritual de la casa. Allí podemos encontrar discos, cartas, fotos, cheques y demás recuerdos. La estancia cierra con unos cuartos más pequeños que rodean un patio. Hay unas escaleras que llevan a un primer piso donde ahora funcionan los baños, una administración y un bar.

En el momento de nuestra investigación, nos encontramos con una guía que daba una visita —a nuestro entender bastante descolorida— a un grupo amplio de visitantes. Entrevistamos a una mujer que era algo así como una administrativa del lugar, encargada entre otras cosas de cobrar entrada.

Su relato nos parece sumamente interesante. Hemos hecho una síntesis con las aspectos más importantes.

Según explicó, el proyecto de reformas estaba previsto para un año antes. Y la demora no se debió sólo a la severa crisis económica y presupuestaria —ya los fondos estaban asignados— sino a otras causas imprevistas.

—Se escuchaban voces —enfatizó la administrativa—. Risas también. Los llantos eran lo peor, los obreros no querían trabajar. Después se acostumbraron al ver que no había peligro. Hasta disfrutaban de las canciones. Escuchaban ensayar a Gardel. Siempre era a la nochecita.

Obviamente, le preguntamos si "los eventos" seguían sucediendo. La mujer se rió.

—A veces, escuchamos pasos en los escalones —dijo señalando las escaleras que llevan al primer piso—. Bueno, en la inauguración pasaron cosas... la puerta de entrada se cerró y se abrió, y eso que no había viento, y había un olor muy fuerte todo el tiempo a cigarrillo, ese vaho iba y venía.

Vamos por partes.

Desde hace un tiempo se estudia algo que se conoce como "memoria de los materiales". Básicamente, la teoría explica que un cierto tipo de energía queda atrapada o almacenada en los materiales que utilizamos. Curiosamente, uno de esos materiales sería el silicio, el elemento base de los chips de computadora. Por citar un ejemplo, en los Estados Unidos hubo un "caso" que fue exhaustivamente analizado. En una casa más que centenaria se escuchaban gritos, gemidos y otras expresiones de angustia o dolor. Después de grabar por varios meses estas manifestaciones, se pudieron distinguir nombres concretos, inclusive apellidos. Sin amilanarse, los científicos investigaron que efectivamente estos nombres correspondían a personas que vivieron y, no sólo eso, habían muerto en el derrumbe de una mina ubicada a pocos metros de la casa en cuestión. En apariencia, y de acuerdo con ciertas condiciones atmosféricas y energéticas, esta "información" era liberada por la casa. Por supuesto, hay muchas cosas que bordean lo inexplicable, pero acercamos esta posibilidad como una variante racional.

En el caso de la casa de Gardel, no es muy difícl pensar en llantos, teniendo en cuenta los años de duelo de doña Berta. Con respecto a la voz del Zorzal, tiene su lógica. En esa casa ensayó muchas veces con sus guitarristas, sus "escobas", como los llamaba Gardel. Pero convengamos en que nada nos garantiza que los dichos de nuestra simpática administrativa —quien nunca quiso revelar su nombre— no tengan la intención de fomentar el mito del "fantasma de Gardel". Sin embargo, la cuestión no termina acá. Este submito o leyenda actual alcanza al mismísimo Mercado del Abasto, lugar muy querido por el ídolo y en donde actualmente funciona un shopping.

Acerca de esta cuestión, hicimos un relevamiento y encontramos testimonios que llaman la atención.

En el shopping existe una sala de control desde donde se programa la musicalización. Dos empleados —que pidieron no ser identificados— aseguraron que se han producido extraños acontecimientos, en especial los 24 de junio. Sin razón, la música deja de sonar y se escucha una voz, inconfundiblemente la del Morocho, en medio de una fuerte "fritura". La voz parece venir de muy lejos. Por otro lado, si bien esa área es de acceso restringido, las cámaras de seguridad registraron en más de una ocasión una silueta de un hombre vestido de traje y sombrero recorriendo las instalaciones. Estos eventos se producirían siempre de madrugada y cuando el shopping permanece cerrado al público.

Juan B., empleado de seguridad, afirma ese rumor:

—Yo lo vi, no tengo dudas, y no fui yo solo, lo que pasa es que nadie habla porque no quieren hacer un papelón.

Le pedimos precisión.

—Es como una persona común y corriente, con la diferencia de que el Mudo no estaba apoyado sobre el piso, flotaba unos centímetros. Como es lógico, al ver un desconocido le pedí que se identificara. No contestó, entonces inmediatamente llamé por el handy a otro compañero que estaba cerca, en otro sector. Yo empecé a sentir un cagazo bárbaro, porque me di cuenta de que esto era muy raro. Encima, a mí que me gusta el tango... no tardé mucho en reconocer a Carlitos. La sonrisa, la sonrisa era... cómo explicarlo. En eso llegó mi compañero y se quedó más duro que yo. Ahí Carlitos giró hacia su derecha, saliendo a través del vidrio que da a la entrada de Anchorena y no lo vimos más.

Después, dialogamos con *Daniel A.*, librero de una prestigiosa librería ubicada en el shopping. Fue más tajante pero no dejó de reconocer cierto halo de extrañamiento.

—Me tienen repodrido con Gardel. Ya tenemos bastante con algunos turistas insufribles para que también fomenten un culto a lo sobrenatural. Es como tener un Gardel multidimensional. Lo único que puedo aportar a esta cuestión es que concretamente, en los dos años años que llevo acá, encontré más de una vez a primera hora de la mañana, en la sección de música, libros tirados en el piso, pero no cualquiera, sino todos los que tengan que ver con Gardel. Admito que es una casualidad inquietante, pero eso no prueba absolutamente nada. Con esto no le echo la culpa a nadie, pero antes que yo viene la gente de limpieza...

Carlitos Gardel da para todo. Hasta hay un libro para niños que se llama *El Fantasma de Gardel ataca el Abasto*, de Eduardo González. Y aunque nada de lo que contamos tenga una validez definitiva, el mito del cantante genial, de ese pedazo de Buenos Aires va a vivir por siempre en nuestros corazones. En cada rincón, en cada bar, en una charla

con amigos, la melancolía del tango va a asomarse y la de
su máximo exponente:

> *Canción maleva, lamento de amargura,*
> *sonrisa de esperanza, sollozo de pasión;*
> *ése es el tango, canción de Buenos Aires.*

Villa Lugano

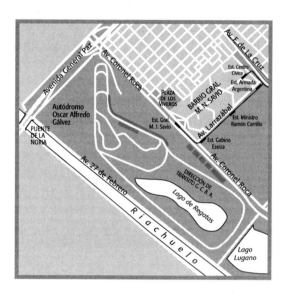

Así como un domingo de fútbol es sagrado para los seguidores del balompié; un domingo de carrera es religión para los fanáticos del automovilismo, los "tuercas", como comúnmente se los llama.

Infiltrarse en una tribuna colmada de ellos, uno de esos domingos, en el Autódromo Oscar Alfredo Gálvez de Avenida General Paz y avenida Roca, es sumergirse en un universo muy particular, un universo que grita con las voces de los hinchas que surgen de entre el ruido de los motores y el humo de los choripanes: "¡Mirá cómo le mostró el auto! En una vuelta más es boleta", "¡Cómo toma las curvas ese pibe!", "Aquel dejó media goma en el pianito".

Nunca faltan, como en casi todos los deportes, los defensores del pasado, esos que defenestran el presente resaltando aquellos "buenos viejos tiempos". Sus comentarios son del tipo: "Ah, en mi época era otra cosa, las carreras eran a vida o muerte" o "Antes sí que había que saber manejar, había que tener muñeca, no es como ahora que aprietan un botoncito y listo".

Y, por supuesto, en ese tipo de aseveraciones, Fangio y los hermanos Gálvez, entre otros pilotos, son nombres de dioses inalcanzables. En esos momentos, si uno agudiza un poquito más el oído, puede escuchar, entre las hazañas de esos próceres del automovilismo, un nombre no tan conocido, pero no por eso menos heroico. Un tal Pepe Cipriani.

Ésa era la razón que nos había llevado a mezclarnos con la multitud fanática: el mito del veloz Pepe Cipriani.

Individualizamos entre los hinchas a aquellos que lo habían nombrado, y los abordamos en el descanso entre Clasificación y Carrera:

Osvaldo Q.: "¡El Pepe! Señores, el Pepe fue único. No corrió mucho, pero dejó su marca. Enfrentó él solito a los grandes, se animó a hacerle sombra a Ford y Chevrolet. Por aquel entonces el autódromo se llamaba 15 o 17 de Octubre. El Pepe anduvo rápido, más rápido que ningún otro, sí señor. Hasta que murió en el accidente".

Pedro C.: "El Pepe Cipriani batió el récord de velocidad. No me pregunten en qué categoría, pero aquel día el hijo de puta manejó como un loco. Era a fines de los sesenta, creo. No me acuerdo a la velocidad que dicen que llegó..., lo que sí sé es que fue una marca increíble. Lástima que no fue oficial: no tenían prendidos los cronómetros, porque creo que era una práctica o algo así".

Máximo G.: "Dicen que batió todas las marcas, que nadie anduvo más rápido que él. Pero parece que el tipo corrió un par de carreras y se mató".

Con la ayuda de estos y unos pocos testimonios más, pudimos desenredar el mito (al menos los elementos compartidos por casi todas las versiones): a pesar de su corto paso por el Turismo Carretera (habría muerto en un accidente de carrera), un piloto conocido como Pepe Cipriani (o simplemente "El Pepe") hizo historia por dos hechos heroicos: haber armado sus propios autos, enfrentando así a los grandes equipos, y haber conquistado una fantástica marca de velocidad.

Con respecto a esto último, algunas versiones son realmente exageradas:

Oscar M. (ex banderillero): "El Pepe llegó a los 400 kilómetros por hora. Sí, sí; no me miren así: 400, lo sabe todo el mundo. Era día de entrenamiento, y no quedó registrado. Pero todos lo saben. Fue en un tramo muy corto, es verdad, pero lo hizo".

Enrique F. (mantenimiento de boxes): "Escuché decir que anduvo a más de 500, que los autos que él preparaba no usaban nafta, que 'El Pepe' había inventado un combustible diferente. Hasta hay algunos que hablan de pactos con el Demonio".

Podemos arriesgar, por lo tanto, que estamos ante un caso de exageración mitológica (algunos también lo denominan "inflación del mito").

Ya hablamos de cómo el boca a boca deforma los relatos, modificando ciertos componentes en la narración. Ahora diremos que hay elementos más vulnerables que otros, más predispuestos a sufrir cambios.

Si tenemos una historia que incluye en su crónica alguna cifra o medición importante, este elemento es el candidato a ser el que más mutaciones sufra con el paso del tiempo, llevando la versión original del relato, en algunos casos, a niveles inverosímiles.

Esta clase de deformación es muy común en hazañas

deportivas, las cuales suelen incluir mediciones que son, justamente, la materialización del logro conseguido.

Podemos citar el caso del famosísimo gol que el Chango Cárdenas le metió al Celtic de Escocia en el Centenario de Montevideo, con el cual por primera vez un club argentino (el Racing Club de Avellaneda) se consagró Campeón del Mundo. A medida que pasaba el tiempo, cada nueva versión del relato de aquella histórica conquista ubicaba a Cárdenas más lejos del arco escocés. Si hasta llegó a decirse que el Chango había pateado desde la mitad de cancha. No se alcanzó un mayor nivel de deformación debido al testimonio visual que ofrece la añeja filmación que se guarda del gol. En ella puede verse, en realidad, que Cárdenas estaba más cerca del área grande rival que del mediocampo en el momento de su inolvidable zapatazo.

La exageración es un defecto natural de los contadores de historias, y estos "datos numéricos", como la distancia al arco del Chango o la velocidad alcanzada por el Pepe, son los primeros en ser exagerados.

Así y sin descontar el incremento que pudo haber sufrido la hazaña de Cipriani, nos dispusimos a investigar los archivos oficiales del automovilismo argentino. Pero no sólo no encontramos registro de ninguna marca de velocidad que pudiera ser la del corredor, sino que no dimos con ningún dato acerca del piloto: según los archivos, nunca existió un corredor llamado Pepe Cipriani que tuviera participación en alguna categoría relativamente importante.

Entonces: ¿quién fue Pepe Cipriani?, ¿dónde nació la historia de su increíble récord de velocidad?

La única mención que podríamos tildar de "oficial" (la cual algunos reconocen como disparador de la leyenda) se encuentra en una desaparecida revista de automovilismo con el intrigante nombre de *Axalon*. En un pasaje de un supuesto reportaje a Ángel "Hipómenes" Lo Valvo (ganador, en 1937, del primer Gran Premio de Turismo Carretera, aunque esa denominación todavía no existía, y campeón en 1939) el periodista pregunta lo siguiente:

—¿Cuál fue su peor enemigo en carrera?

A lo que Hipómenes responde simplemente:

—Cipriani.

La entrevista está fechada en 1954, aunque muchos dicen que este reportaje ni siquiera existió. Otros aseguran que se trata de un error de la revista y que el corredor debió referirse a un tal "Zepriani", ya que, según cuenta la historia, en 1938 Lo Valvo volcó con una cupé Dodge, y su acompañante, Moisello, se rompió el brazo. Luego, debido a una mala praxis médica, falleció. Se dice que hubo un exceso en la anestesia al operarlo y que el responsable fue un doctor de apellido Zepriani. O sea que Hipómenes se habría referido a este "enemigo", el que se llevó a la tumba a su compañero. En otra declaración el piloto habría dicho: "fue mi recuerdo más triste".

El único antecedente de un "Pepe" histórico en el automovilismo argentino es el de José Froilán González o Pepe González.

Entre muchas de sus hazañas se cuentan la conquista, en 1959 y en 1960, de los dos primeros títulos sudamericanos para nuestro país, el subcampeonato mundial de

1954 en Europa, y las 24 horas de Le Mans ganadas con Ferrari en el mismo año.

Algunos dicen que los dos "Pepes" son la misma persona:

Ignacio Rutherford (autor del libro *Historias ocultas del automovilismo latinoamericano*) nos dijo lo siguiente: "Se cuenta que, cuando no hacía mucho que Froilán había iniciado su trayectoria, algunas personas de su entorno comenzaron a llamarlo 'Pepe Cipriani', simplemente porque ciertos parientes lejanos del corredor ostentaban ese apellido. Luego, con el tiempo, el apodo se abandonó y se pensó que 'Pepe Cipriani' se trataba de otro piloto y se le adosó una historia netamente ficticia".

Otro corredor en el que se sospecha puede estar basado el mito de Pepe Cipriani es Nasif Estéfano. Nasif fue el único campeón post mortem en la historia del Turismo Carretera: se mató en una de las últimas carreras, cuando marchaba como líder indiscutible del certamen. Este hecho podría estar relacionado con la supuesta "muerte en carrera" de Cipriani. Otra relación, dicen algunos, estaría en el apodo de Nasif: "Califa chico", al que luego unos pocos le dirían "Pepe chico" o "Pepe chicana" (lo de "chicana" haría referencia a las chicanas de las pistas), para deformarse finalmente en "Pepe Cipriani". Lo único que no se ajusta es la ubicación temporal: Nasif murió (y fue campeón) en 1973, mientras que la mayoría de las versiones hablan de un Cipriani que fue piloto antes de la década de los setenta.

Por último, no podemos descartar la posibilidad de que efectivamente haya existido un Pepe Cipriani que corrió unas pocas competencias en alguna clase menor, y que, quizás, hasta batió alguna marca de velocidad; luego la categoría habría desaparecido (algo bastante común en las competencias menores), y con ella todas sus estadísticas, dejando el recuerdo del "veloz" Cipriani y su récord en la mente de algunos "tuercas", quienes se encargarían de ir exagerando los logros del piloto, hasta transformarlo en leyenda. Podemos suponer también que (como aseguran algunos) Cipriani consiguió el récord gracias a un auto revolucionario que él mismo había armado. De esta manera, luego de su abandono del automovilismo (por muerte o por lo que fuere), los grandes equipos habrían intentado hacer desaparecer toda evidencia del corredor y sus logros. Tal vez no pudieran aceptar la superioridad de un piloto que trabajaba de manera independiente.

Otra de las cosas que se dicen es que la historia del "auto revolucionario de Cipriani" y su récord pueden estar inspirados en "El Halcón de Pronello", un auto que, en 1970, llegó a promediar los 245 kilómetros por hora, pero que según Dante Emiliozzi, su piloto y cuádruple campeón de TC, "andaba en 295". El Halcón quedó destruido en un accidente, con fuego incluido; lo cual también podría llegar a guardar relación con la historia del supuesto accidente fatal de Pepe Cipriani.

Existe una versión que describe dramáticamente y con lujo de detalles el deceso de Cipriani. Algunos dicen que se trata de un viejo cuento "tuerca", una obra de ficción que solía escucharse en los comienzos del automovilismo argentino, y que en épocas posteriores fue atribuida a Pepe Cipriani, para inflar aún más su leyenda.

Sea como fuere, vale la pena comentarla.

La historia relata el desarrollo de la supuesta "última carrera de Cipriani", en la cual marchaba primero cuando faltaban sólo cinco vueltas. En ese momento, repentinamente, su auto se prendió fuego. Pero El Pepe no se detuvo: corrió así las últimas vueltas, envuelto en llamas. Algunos fanáticos dicen que el incendio fue provocado por la increíble velocidad que había alcanzado. Sin embargo, y a pesar del esfuerzo de Cipriani, a metros de la línea de meta el auto no aguantó más y explotó en mil pedazos. Sólo quedaron humo y hierros al rojo vivo. Entonces, el hombre que portaba la bandera a cuadros se acercó a uno de estos restos humeantes. Era el cuerpo carbonizado de Pepe Cipriani. La explosión lo había despedido hacia delante, haciendo que atravesara la línea de meta, dejándolo tirado unos dos metros más allá...

El Pepe había ganado su última carrera.

Haya existido o no nuestro mítico piloto, podemos asegurar que aún viaja a toda velocidad, de boca en boca, en la tribuna "tuerca" de cada domingo.

Palermo

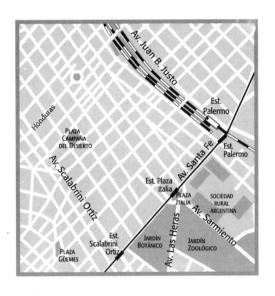

A*ugusto Pedrozzi* es un profundo admirador de Borges, y como tal colecciona cualquier cosa relacionada con el escritor: fotos, retratos, noticias en diarios y revistas, casetes de audio y video, y por supuesto libros, montones de ellos: libros escritos por Borges, libros con algún poema, cuento o artículo de Borges, libros con prólogo de Borges, libros en los que se cita (aunque sea fugazmente) a Borges, libros relacionados con temas que haya abordado Borges en su literatura. Cuatro bibliotecas repletas y volúmenes apilados por todos lados. Sin embargo, todo esto no alcanza para conformar a Augusto.

—Todo fanático que se precie —nos dijo— debe tener lo que yo llamo "objetos especiales" de su ídolo, objetos que no se consigan fácilmente, cosas únicas, sin igual.

Los "objetos especiales" de Augusto se encontraban dentro de un cofre de roble. Cada tesoro descansaba en una cajita individual forrada en terciopelo: una pluma de escribir, un pañuelo, un amarillento y resquebrajado mapa de la provincia de Buenos Aires (supuestas pertenencias de Borges), un trozo de madera (que habría formado parte de uno de los bastones del escritor), y, dentro de un folio plástico, lo que parecía ser la hojita arrancada de una agenda de bolsillo.

Este último objeto debería contener la pista que habíamos ido a buscar a la casa de Augusto.

A través del folio protector se podía apreciar que la cara visible de la hoja pertenecía al 25 de noviembre.

—Se lo compré a un tipo de Barracas —nos comentó el fanático—. Me dijo que él se lo había comprado a otro tipo, y éste, a su vez, a otro, y así; pero que la primera persona que tuvo esta hoja de agenda en su poder la encontró tirada en el piso de un bar de Palermo.

Antes que le preguntásemos nada, Augusto tomó el folio con la delicadeza de quien manipula materiales radiactivos, y, sin sacar el papel de la caja, lo giró y nos mostró la otra cara. Pertenecía al día 26 de noviembre, y en este lado sí podía verse el año: 1989. En tinta azul estaba manuscrita la siguiente leyenda:

Hoy estuvo de vuelta. Se sentó en la mesa de siempre. No hay dudas: es Borges.

El axioma dice: "Cuando muere un grande, nace un mito". Y Borges no fue la excepción.

La leyenda de un Borges paseando, después de la fecha de su fallecimiento, por las calles de Palermo, surgió y desplegó su abanico de versiones, como una bestia estira sus tentáculos. Las primeras en surgir hablaban del fantasma del escritor: su espectro volvía para vagar por los lugares que había amado. Pero a medida que pasaba el tiempo, un Borges fantasmal no era suficiente para sus seguidores, entonces comenzaron a nacer versiones que incluían un Borges de carne y hueso. Algunas de ellas, haciendo la vista gorda a las evidencias con respecto al deceso del genio, afirmaban que todo se trataba de un error (involuntario o no), que Borges nunca había muerto, que todavía vivía en su querido barrio.

Esta clase de rumores es muy común en estos casos. Los fanáticos de Elvis Presley, James Dean, Carlos Gardel, entre otros, también hicieron caso omiso a la comprobable muerte de sus ídolos, asegurando que seguían vivos, tal como lo demostraban, según ellos, los numerosos testigos que juraban haberlos visto, luego de la respectiva fecha de fallecimiento.

Algunos entienden esto como la natural resistencia a la desaparición de una gran figura.

Ahora bien, en el caso de Borges (como también en el de Carlos Gardel; véase "El mito del Zorzal") existen otras versiones que abren una posibilidad diferente: esquivan las evidencias de la muerte del genio, diciendo que sí, es verdad, Jorge Luis Borges ha muerto... pero ha quedado suelto "otro Borges".

Este "tentáculo" del mito asegura que el escritor siempre sospechó la existencia de un doble, sospechas que quedaron reflejadas en varios de sus escritos, como "El otro",

...usted se llama Jorge Luis Borges. Yo también soy Jorge Luis Borges. Estamos en 1969, en la ciudad de Cambridge.

y "Borges y yo":

...yo estoy destinado a perderme, definitivamente, y sólo algún instante de mi podrá sobrevivir en el otro [...] Hace años yo traté de librarme de él y pasé de las mitologías del arrabal a los

juegos con el tiempo y con lo infinito, pero esos juegos son de
Borges ahora y tendré que idear otras cosas. Así mi vida es una
fuga y todo lo pierdo y todo es del olvido, o del otro.
No sé cuál de los dos escribe esta página.

Otras dos "evidencias" que suelen sacar a relucir los defensores del mito del doble (llamémoslos doblistas), son las polémicas que existen en torno a dos textos: la novela *El enigma de la calle Arcos* y el poema "Instantes" (también conocido como "Momentos").

La novela (que se publicó como folletín en el diario *Crítica*, allá por 1932) fue firmada por un tal Sauli Lostal; y mientras algunos dicen que éste sería un seudónimo del mismo Jorge Luis Borges, otros anuncian que Sauli Lostal es Luis A. Stallo, no un hombre de letras sino un "caballero itálico dedicado a los negocios".

El poema también es atribuido a Borges, aunque se han llevado a cabo investigaciones que señalan que no es así. Algunas de ellas indican como su verdadera autora a Nadine Stair, poetisa norteamericana de Kentucky, fallecida en 1988; hay quienes afirman que Nadine Stair no existió nunca, que sí hubo una Nadine Strain, cuya única ocupación era la música, y que murió en Louisville, en el mismo año que la inexistente Stair. Otras versiones aseguran que el auténtico autor de "Instantes" sería el caricaturista Don Herold, que el texto original se titularía "If I had My Life to Live over", y que habría sido publicado en la revista *Reader's Digest* de octubre de 1953.

Los doblistas, en cambio, cortan por lo sano: los dos textos pertenecen al otro Borges.

Y además de todas estas supuestas pruebas, ahora consideran la hoja de agenda de Augusto (quien se confiesa uno de los más apasionados defensores del mito del doble) como una última prueba que corrobora sus ideas. La valoran como algunos religiosos veneran el sudario de Cristo. Todos los 26 de noviembre se reúnen en honor a la Inscripción.

—Nosotros —nos dijo Augusto, refiriéndose a los Doblistas— estamos totalmente seguros de que la hoja de agenda perteneció a una especie de diario o crónica que llevaba cierto mozo, el cual solía atender al otro Borges en aquel bar de Palermo.

Con este dato, el último que nos entregó el fanático, recorrimos los bares y restaurantes de Palermo preguntando por el supuesto "mozo cronista".

El testimonio más interesante nos lo entregó uno de los mozos del bar que se encuentra en Paraguay y la ex Serrano, ahora llamada... Jorge Luis Borges:

—Debe tratarse del loquito Gaspar —nos dijo el mozo—, el pobre veía de todo: luces, bichos, fantasmas. Gaspar estaba loco de verdad. Acá trabajó muy poquito. Lo rajaron cuando le escupió en la cara a un cliente porque según él era un marciano disfrazado.

—¿Gaspar llevaba algún registro escrito de aquellas visiones, una especie de diario de experiencias?

—Me parece algo demasiado complicado para el loco. Las únicas anotaciones que le vi tomar fueron los pedidos de las mesas.

—¿Supo algo más de él?

—Me enteré que lo tomaron en un restaurante a dos cuadras de acá. Creo que ahí duró un poquito más. De todo esto hace ya unos seis o siete años. Al loquito le perdí el rastro, y aquel restaurante cerró.

También recogimos testimonios de la gente del barrio con respecto al mito:

Alfonso A.: "Al Maestro lo vi hace un par de años, en el Botánico. Yo solía pasar ahí el descanso del laburo, almorzando. Y aquel día, mientras desenvolvía el sándwich, pasó delante mío. Me quedé como un pavote, inmovilizado. Aunque estaba viejo y andaba con el bastón, no me pareció que le costara mucho caminar. No le grité, no lo seguí, no hice nada. Era Borges, seguro".

Margarita G.: "Acá en el barrio hay muchos que dicen verlo. Dicen que sigue yendo a los bares a escribir. Que no pide nada y que tampoco los mozos se animan a interrumpirlo".

Silvia O.: "Algunos lo ven en la Plaza del Lector. Un amigo mío dice que lo vio allí, sentado en el banco cerca del mástil. Me dijo que se lo quedó observando sin animarse a hacer nada. Hasta que Borges se levantó, salió a la calle Galileo, subió la escalera para agarrar Copérnico y por ahí se fue". (Efectivamente, la calle Copérnico termina en una escalera que da a la calle Galileo.)

Para estudiar la posible naturaleza de este "otro Borges", debemos analizar el mito universal del doble. Éste dice que cada ser humano tiene su doble en alguna parte. Ahora, si el doble es malo o bueno depende de la versión del mito que consideremos.

Por ejemplo, los judíos consideran que la aparición del doble es merecedora de la más inmensa de las alegrías. Es para ellos la confirmación de que se ha alcanzado el estado más puro, el "estado profético" (el Talmud cuenta la historia de un hombre que, en busca de Dios, se encontró consigo mismo).

Y en la otra cara de la moneda tenemos versiones que aseguran que nuestros dobles nos buscan durante toda la vida, para eliminarnos y reemplazarnos. Un caso reciente que suelen citar los defensores de estas ideas es el del peón rural Rafael Lanizante. En septiembre de 2003, Rafael acudió al hospital Regional de Comodoro Rivadavia porque le dolía una muela. La respuesta que recibió de la mujer que atendía en la mesa de entradas le provocó un escalofrío de terror: "No me puede estar pidiendo un turno, señor. Usted falleció hace veintitrés años".

Y no se trataba de ninguna broma: en la historia clínica del señor Lanizante estaba su certificado de defunción fechado en 1980.

Los doblistas no dudan: Rafael Lanizante, el original, murió en 1980. El que se presentó en el hospital es su doble y asesino. Evidentemente, algo anduvo mal; cuando un trabajo está bien hecho, el doble (según el mito) consigue que nadie se entere de la muerte del original y su posterior reemplazo. Al parecer, los dobles también cometen errores.

Existe una posible explicación que no mete mano en el mundo de lo extraño: en 1979 a Lanizante le robaron una camioneta, y en ella estaban todos sus documentos, los cuales nunca fueron devueltos. Luego, se supone que el ladrón u otra persona murió cuando llevaba los documentos de Rafael encima, siendo así enterrado el cadáver bajo el nombre del peón rural.

De la leyenda del doble que busca, mata y reemplaza, se desprende la idea que guardan algunos de que Borges fue sorprendido a temprana edad por su doble (acontecimiento que, como ya dijimos, inspiró relatos como "El otro"), pero, de alguna manera, consiguió persuadirlo y convencerlo de que ambos convivieran en paz, evitando así el fatal reemplazo. El tiempo pasó, el genio murió por causas naturales y el otro Borges quedó solo en los parajes de Palermo, imitando las artes que su original le enseñó: pasear, leer y escribir.

Darío M. (doblista): "Las dos primeras obras del otro Borges fueron el policial *El enigma de la calle Arcos* y el poema 'Instantes', ambas escritas en vida del Borges auténtico. Hay rumores de que andan circulando de manera clandestina un par de supuestos textos del otro Borges escritos luego de la muerte del Maestro. Yo todavía no los vi, ni conozco a nadie que lo haya hecho, pero dicen que su prosa es muy oscura".

Hemos tratado de encontrar alguna pista que nos condujera a estos textos inéditos, pero lamentablemente no hallamos nada.

Al final todo se equilibra: el hombre que inventó un Palermo que no existe, que manipuló la realidad con su genio inconcebible para crear historias que nunca ocurrieron, él, Jorge Luis Borges, un hacedor de mitos, soporta ahora que su nombre sea empapado por una tormenta de leyendas, confundido en un laberinto de fábulas, haciendo de sí mismo un nuevo mito. Un mito que estaba destinado a existir, que no podía eludirse.

"En la leyenda de todos los pueblos podemos encontrar esa imagen llamada arquetípica: el poeta ciego", afirma Marguerite Yourcenar en su ensayo *Borges o el vidente*. De este modo, señala la inevitable eternidad del escritor, el poeta ciego, nuestro poeta ciego... que veía más que nadie.

Índice